DEER

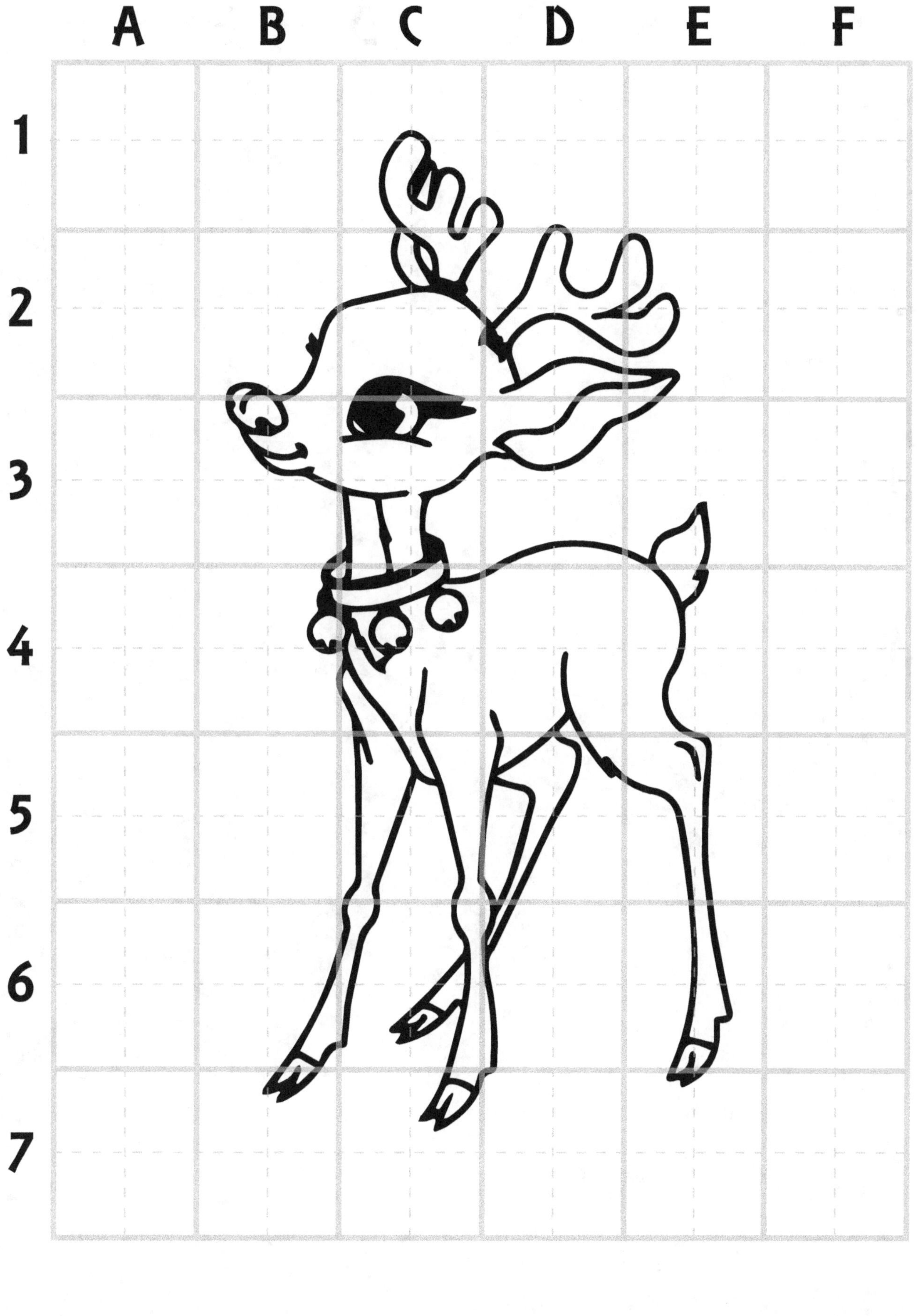

YOUR TURN!

	A	B	C	D	E	F
1						
2						
3						
4						
5						
6						
7						

LION

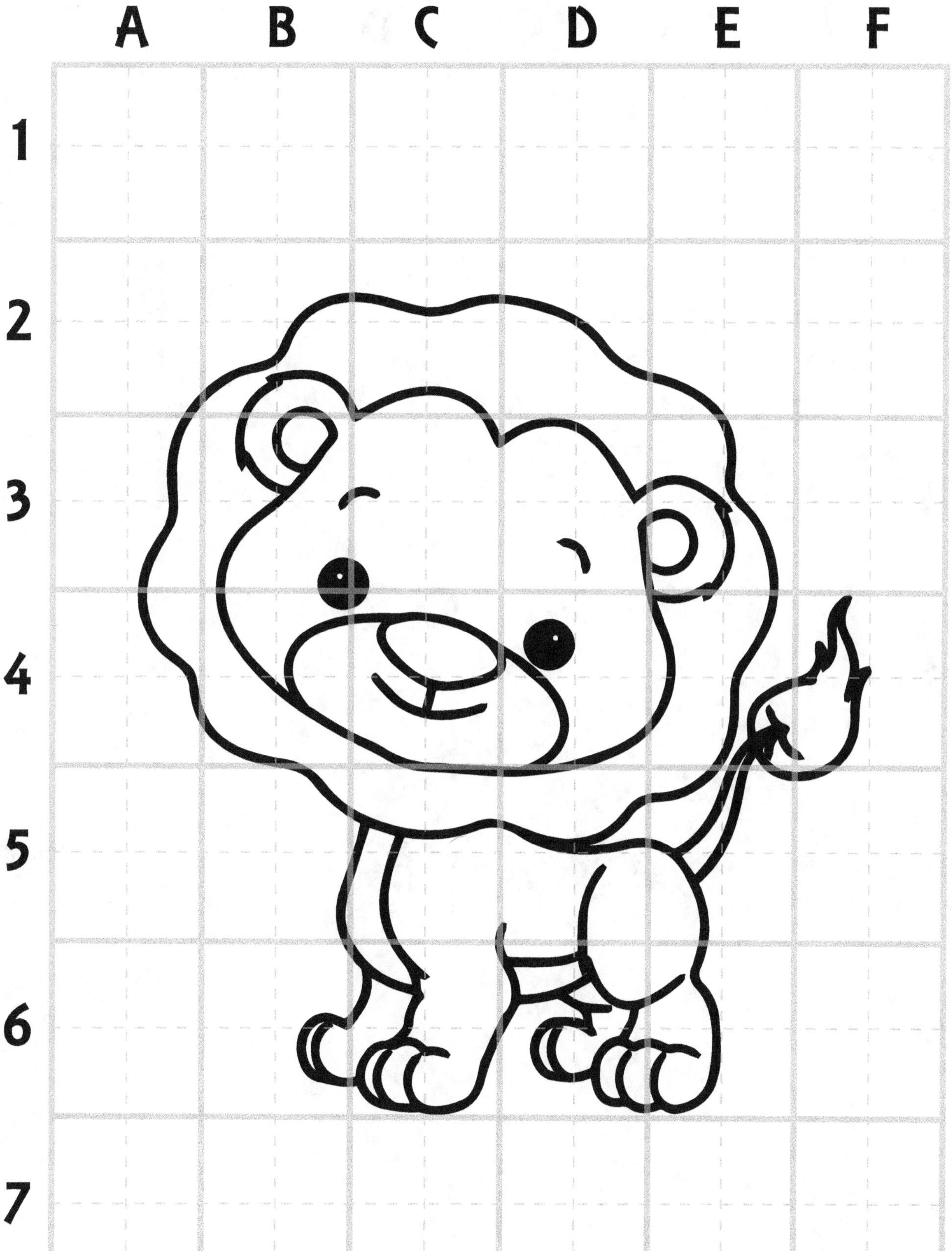

YOUR TURN!

	A	B	C	D	E	F
1						
2						
3						
4						
5						
6						
7						

GIRAFFE

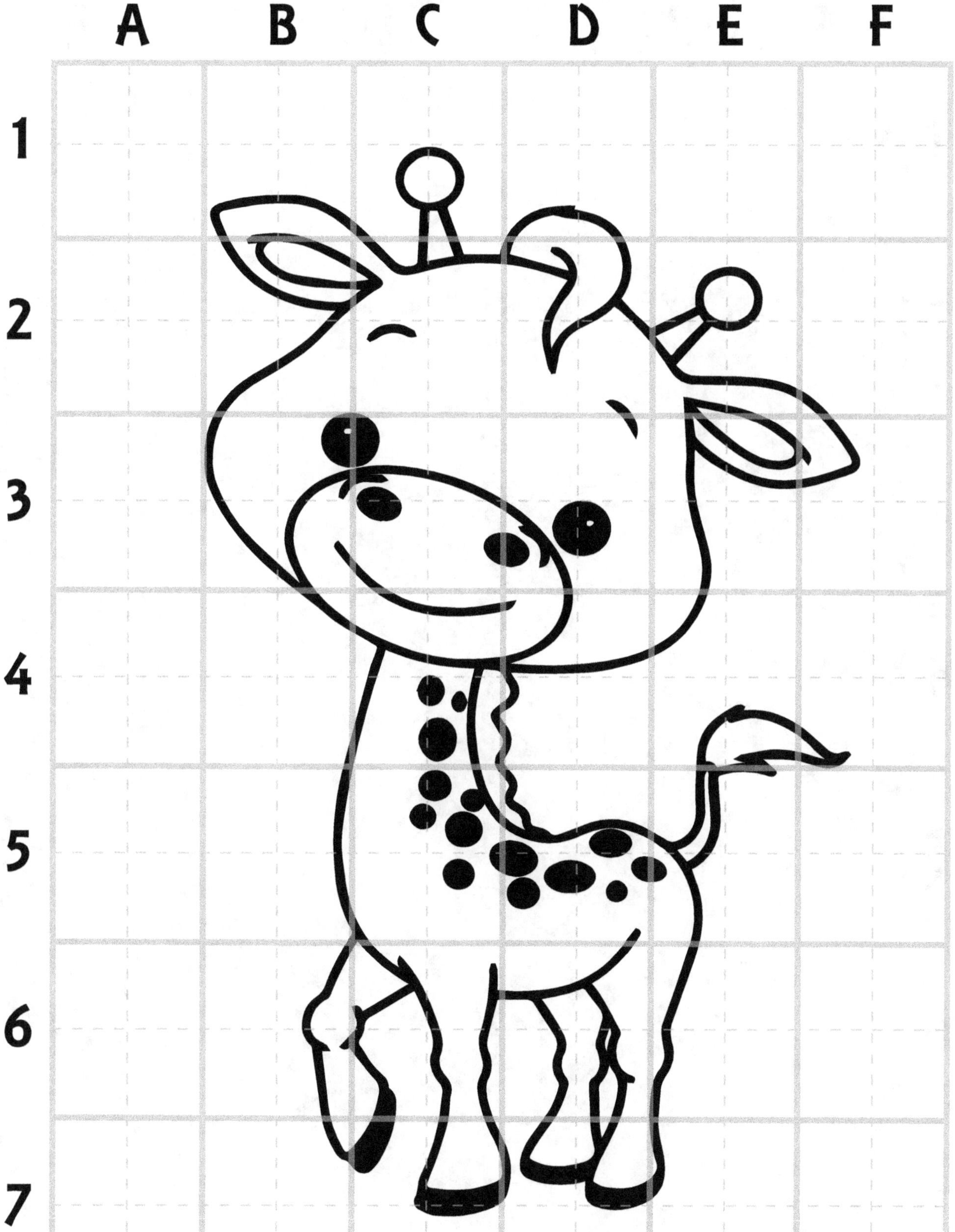

YOUR TURN!

	A	B	C	D	E	F
1						
2						
3						
4						
5						
6						
7						

KANGAROO

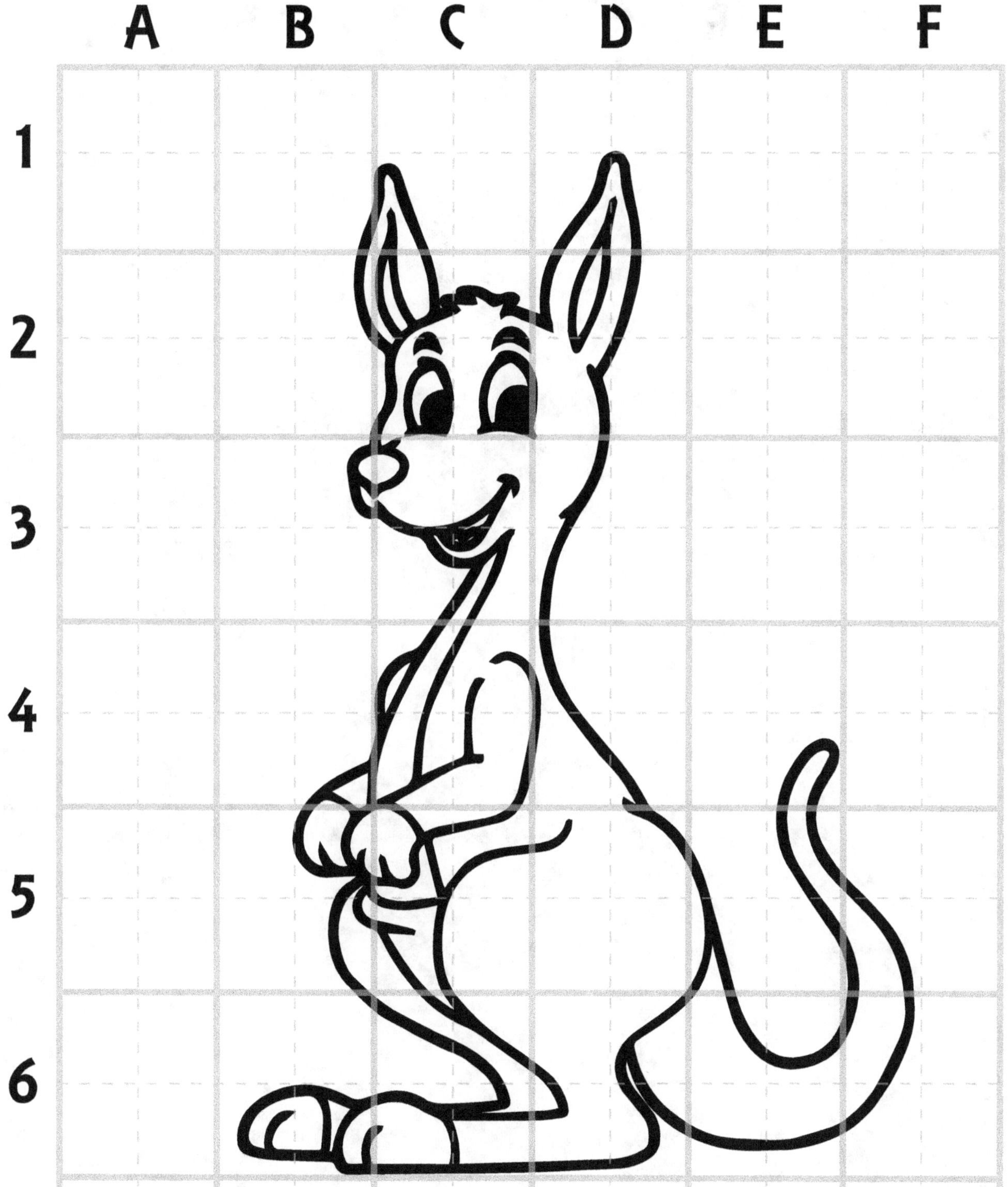

YOUR TURN!

	A	B	C	D	E	F
1						
2						
3						
4						
5						
6						
7						

ELEPHANT

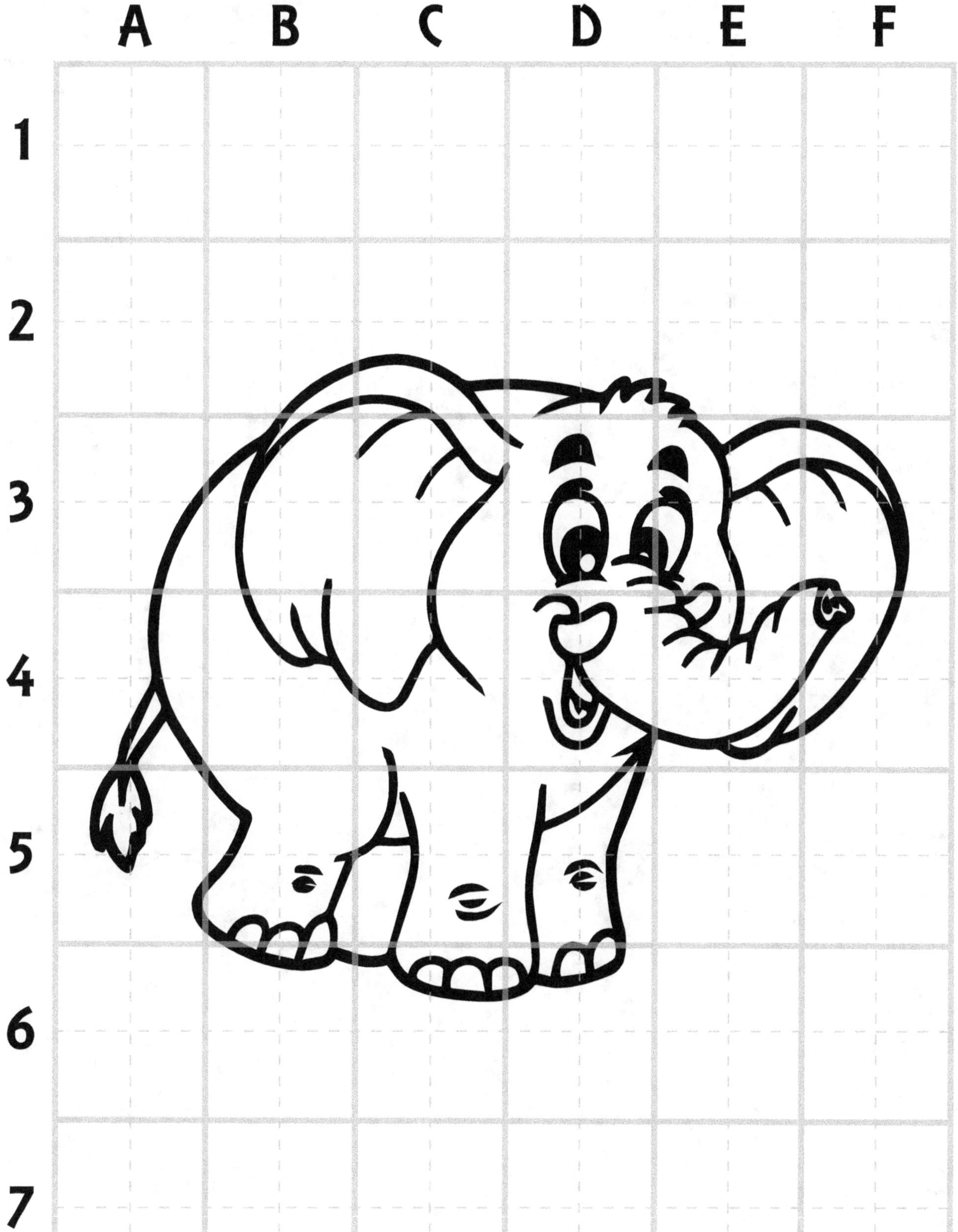

YOUR TURN!

	A	B	C	D	E	F
1						
2						
3						
4						
5						
6						
7						

PENGUIN

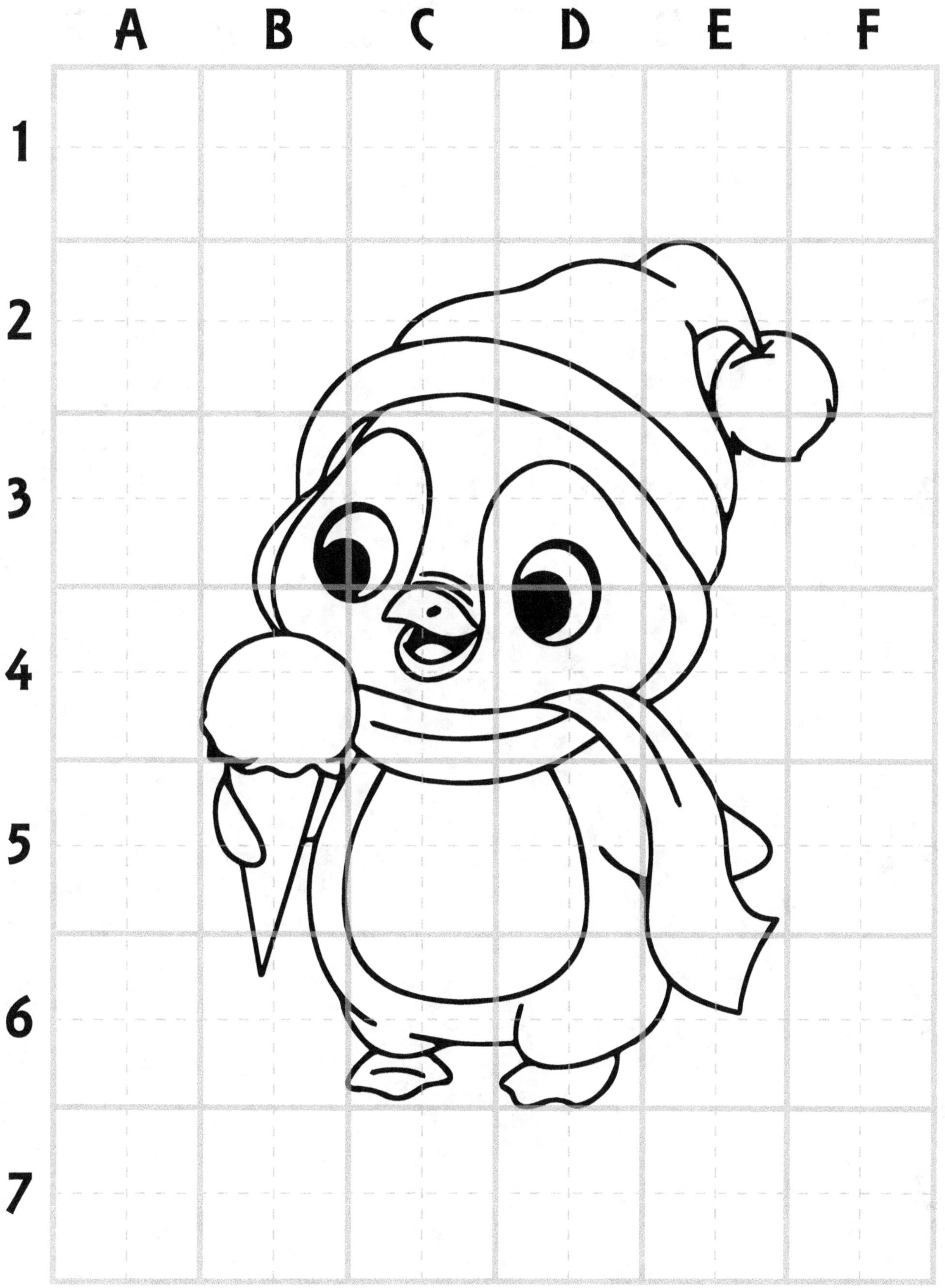

YOUR TURN!

	A	B	C	D	E	F
1						
2						
3						
4						
5						
6						
7						

MONKEY

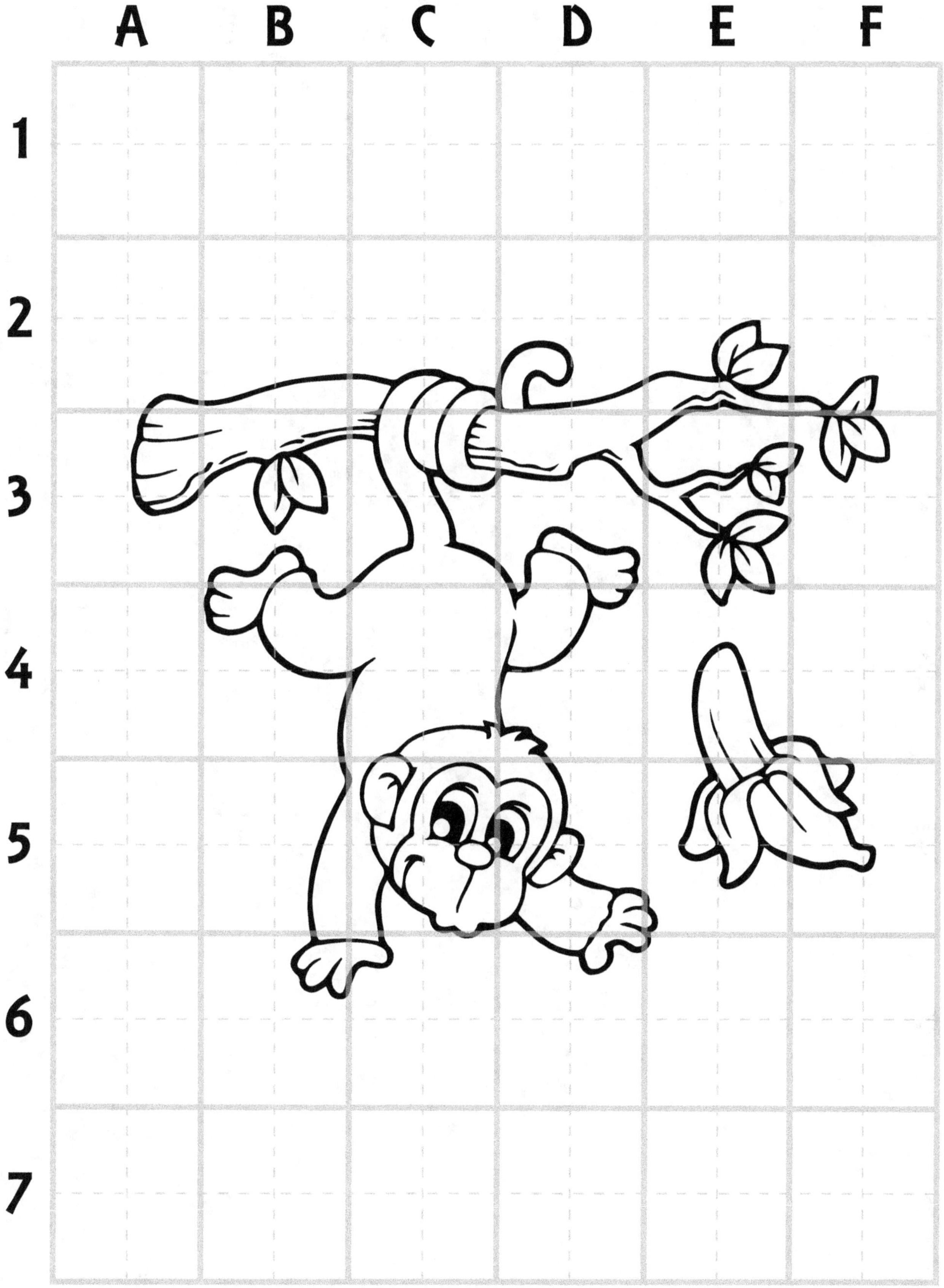

YOUR TURN!

	A	B	C	D	E	F
1						
2						
3						
4						
5						
6						
7						

CROCODILE

A B C D E F

1
2
3
4
5
6
7

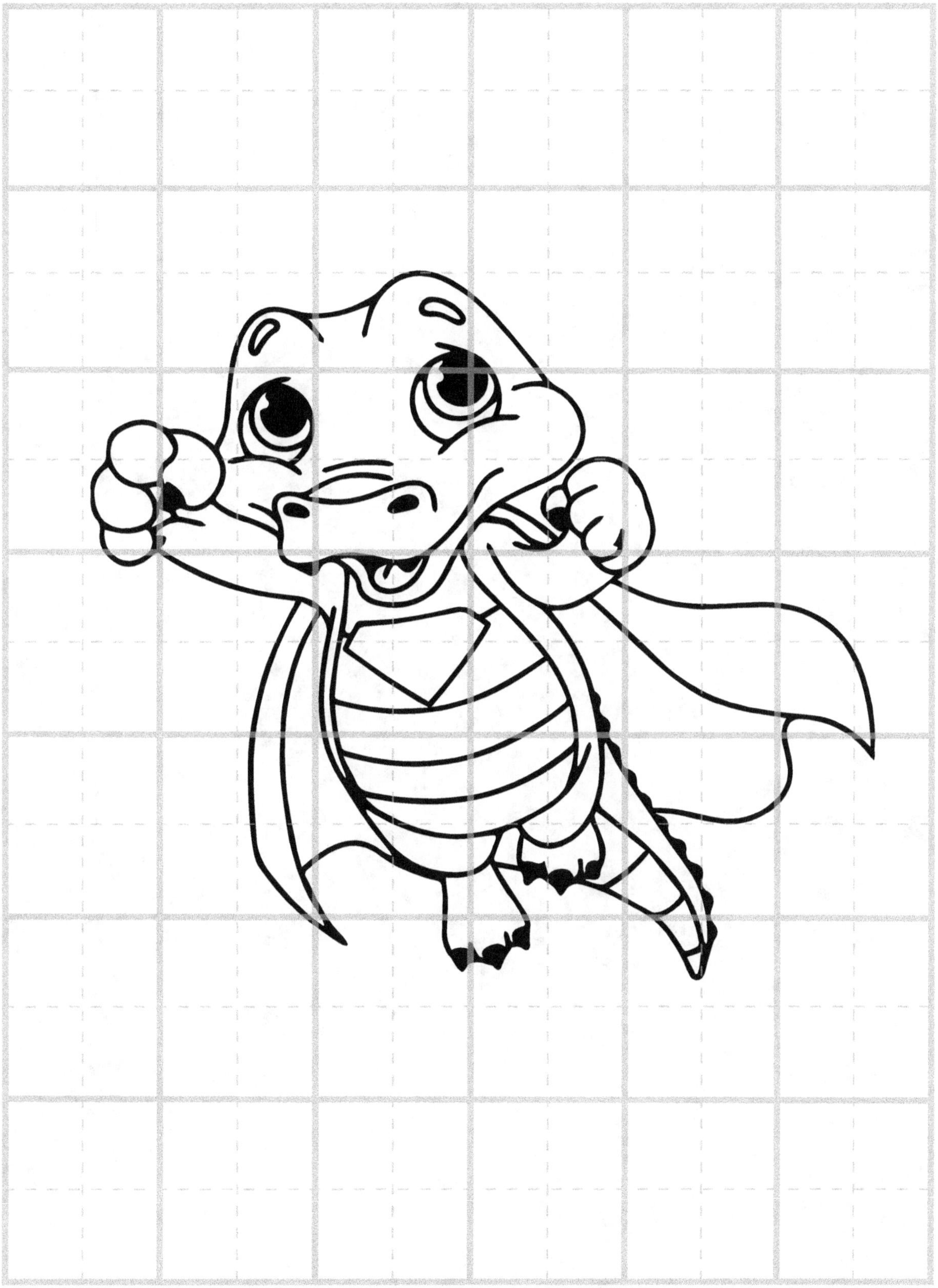

YOUR TURN!

	A	B	C	D	E	F
1						
2						
3						
4						
5						
6						
7						

BUNNY

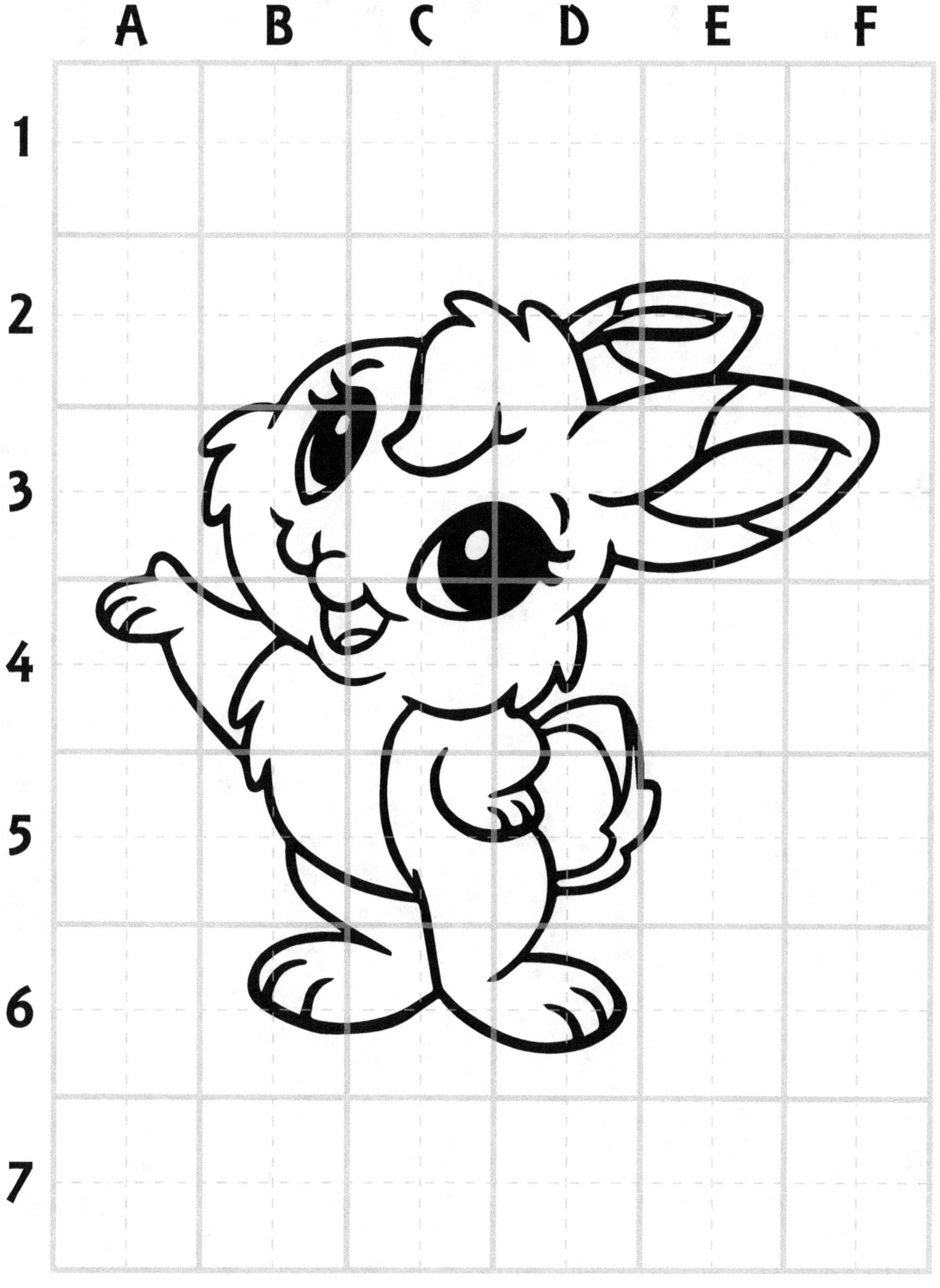

YOUR TURN!

	A	B	C	D	E	F
1						
2						
3						
4						
5						
6						
7						

SHEEP

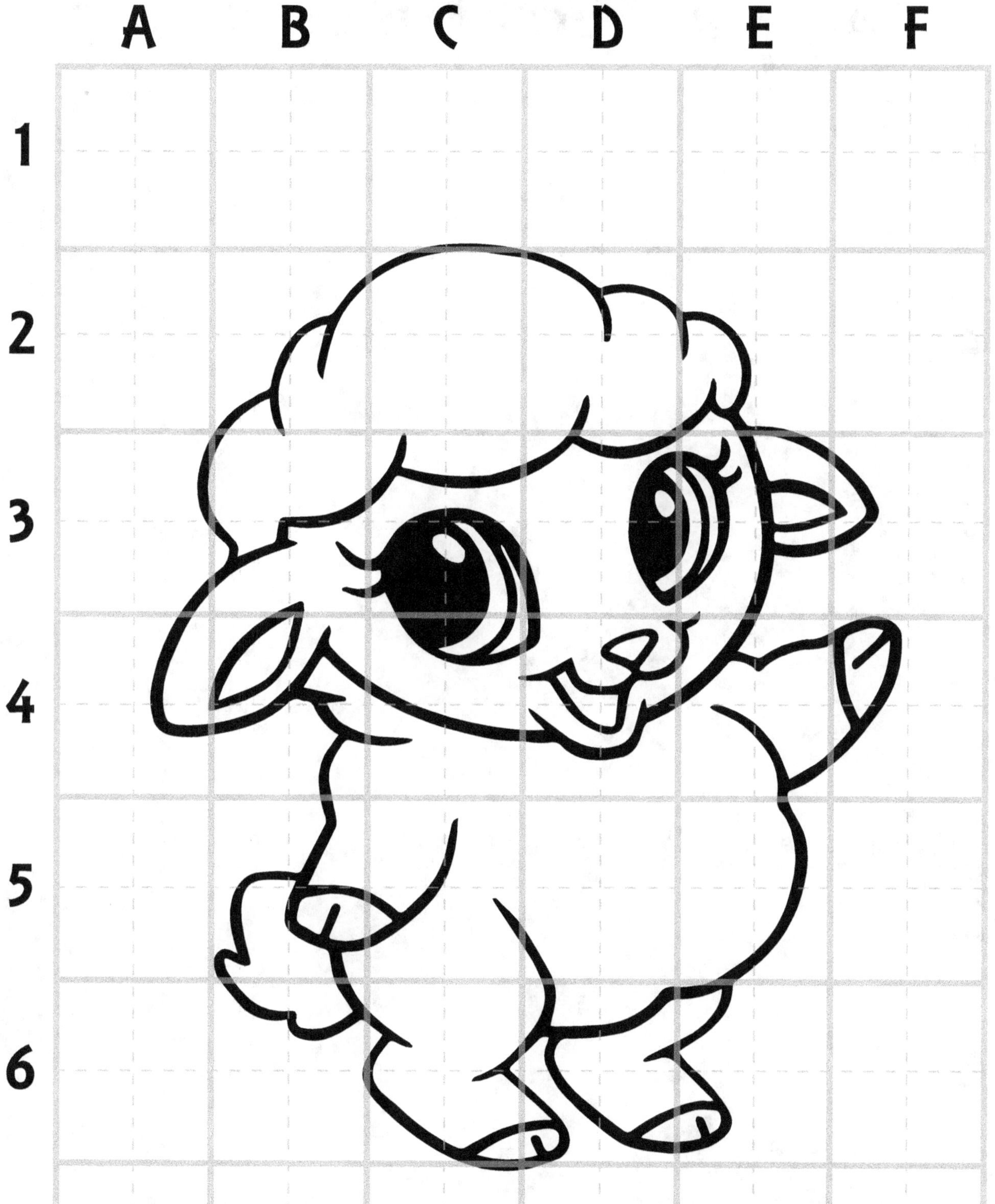

YOUR TURN!

	A	B	C	D	E	F
1						
2						
3						
4						
5						
6						
7						

HORSE

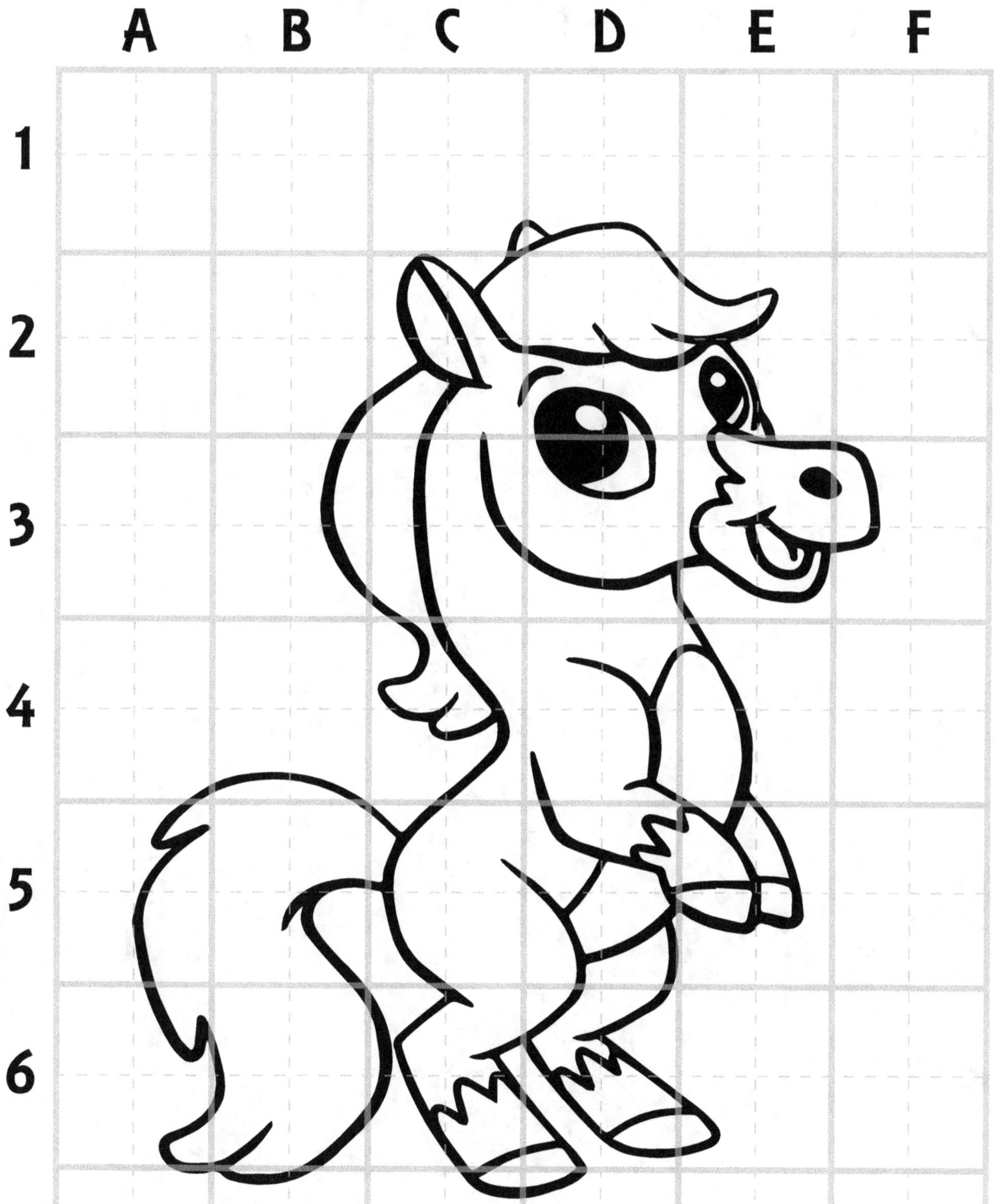

YOUR TURN!

	A	B	C	D	E	F
1						
2						
3						
4						
5						
6						
7						

PIG

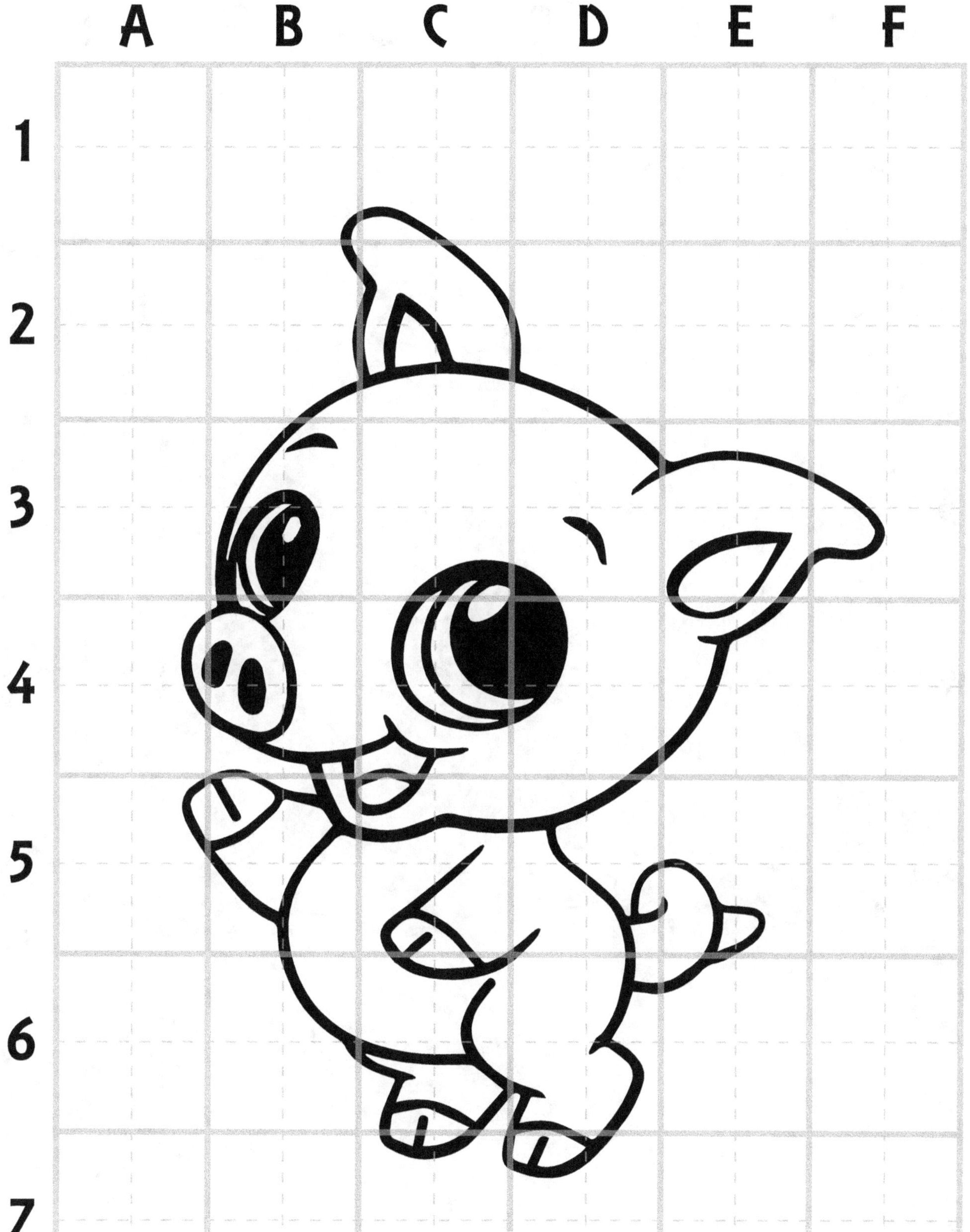

YOUR TURN!

	A	B	C	D	E	F
1						
2						
3						
4						
5						
6						
7						

BIGHORN SHEEP

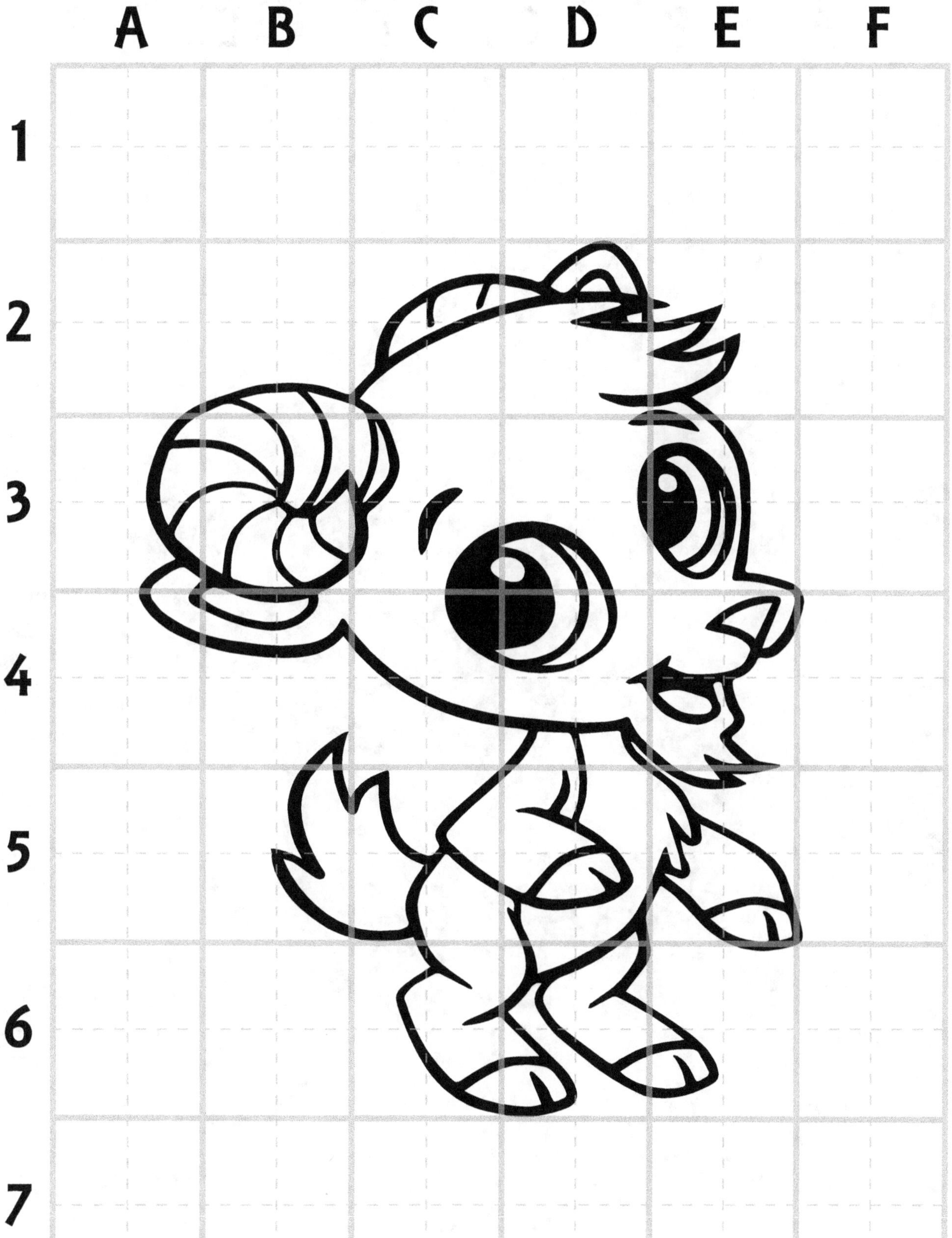

YOUR TURN!

	A	B	C	D	E	F
1						
2						
3						
4						
5						
6						
7						

BIRD

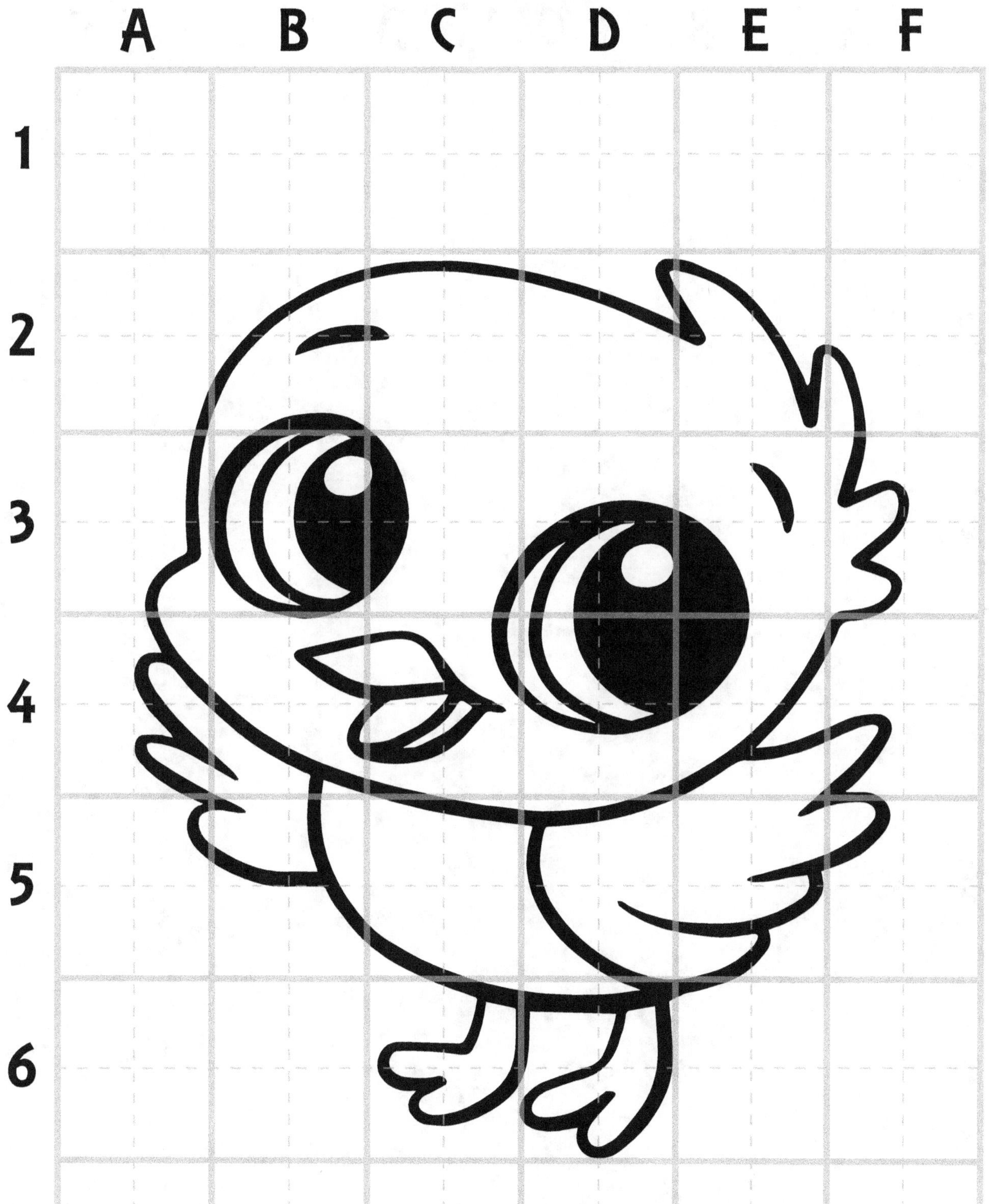

YOUR TURN!

	A	B	C	D	E	F
1						
2						
3						
4						
5						
6						
7						

TURTLE

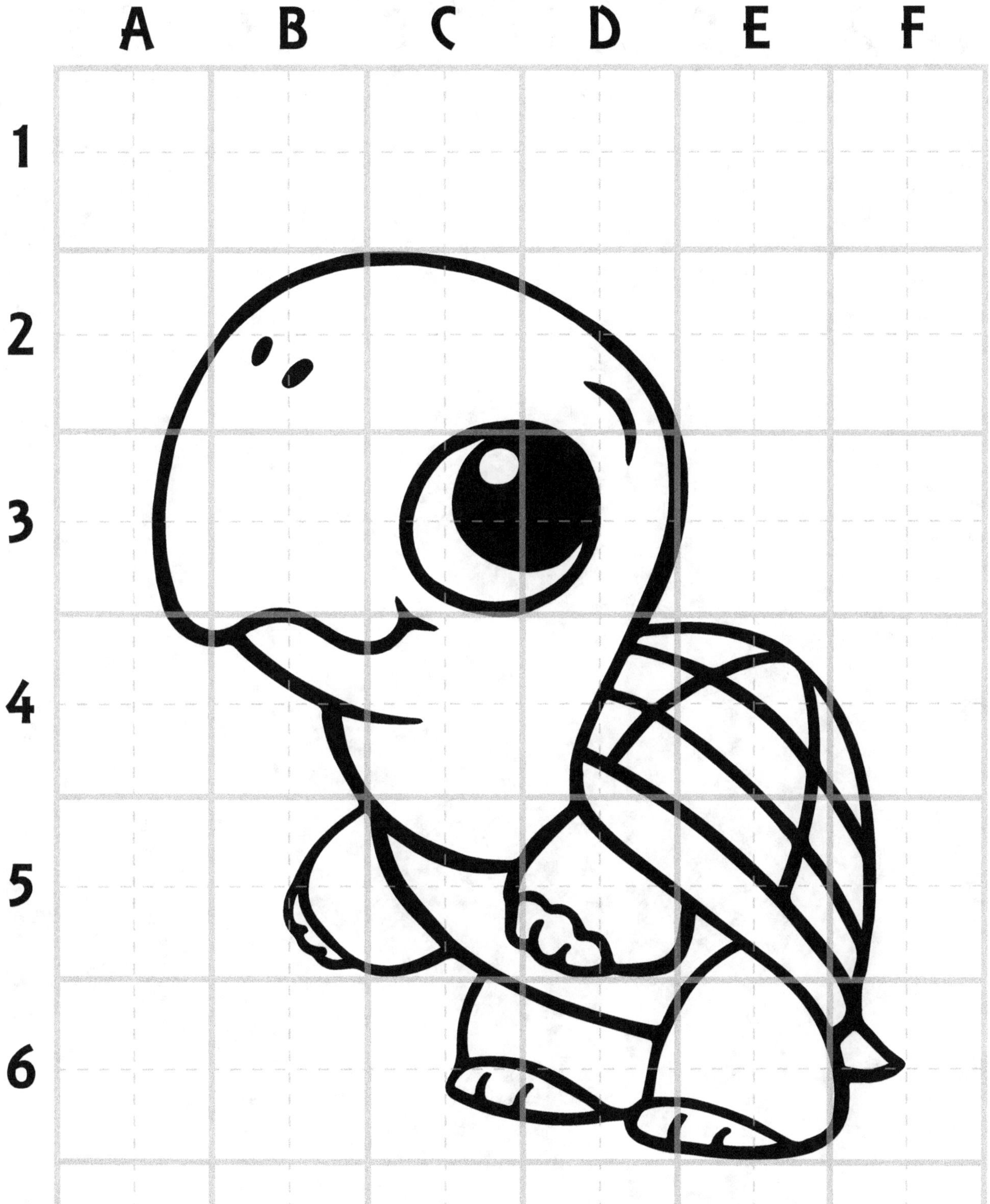

YOUR TURN!

	A	B	C	D	E	F
1						
2						
3						
4						
5						
6						
7						

TIGER

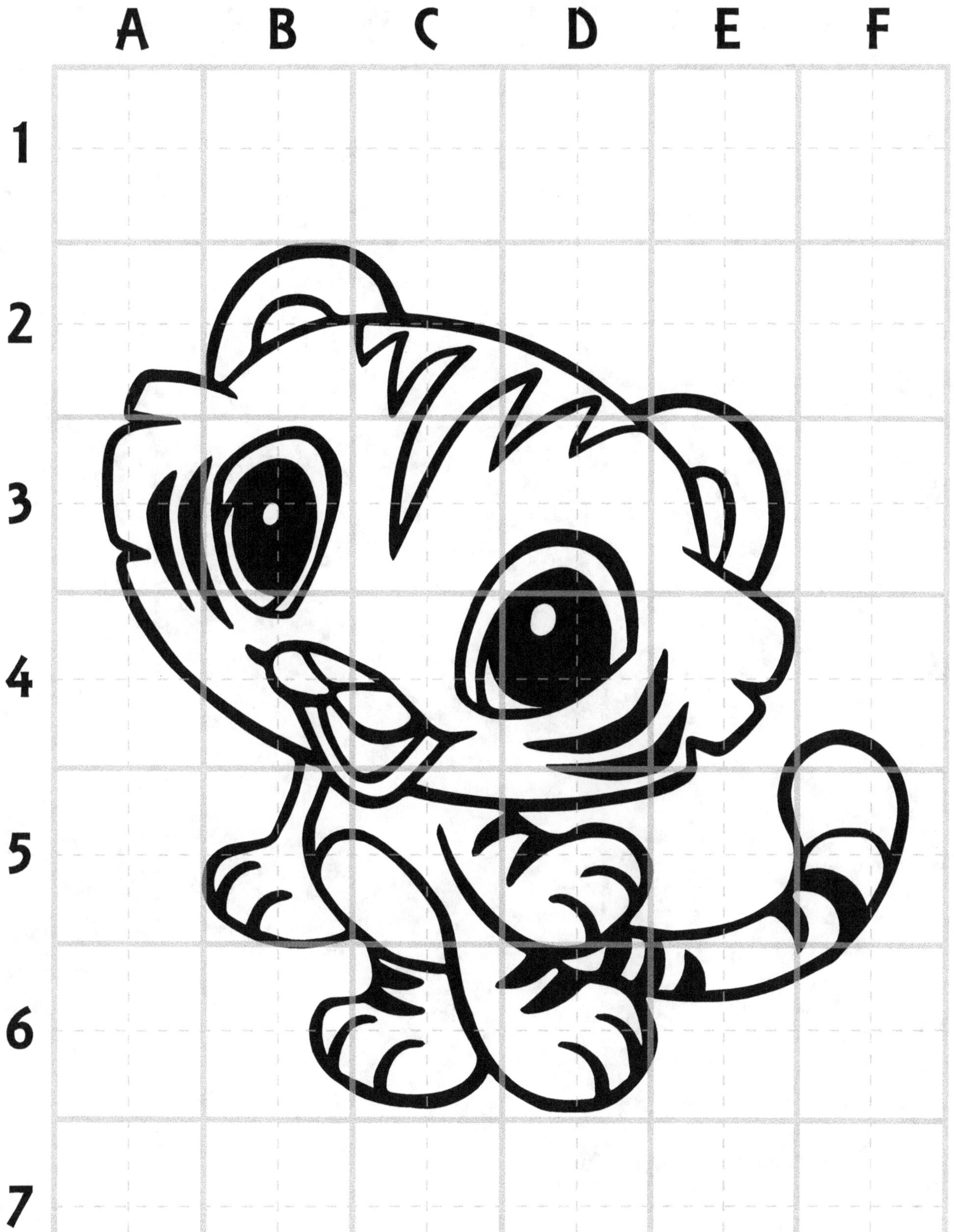

YOUR TURN!

	A	B	C	D	E	F
1						
2						
3						
4						
5						
6						
7						

HIPPO

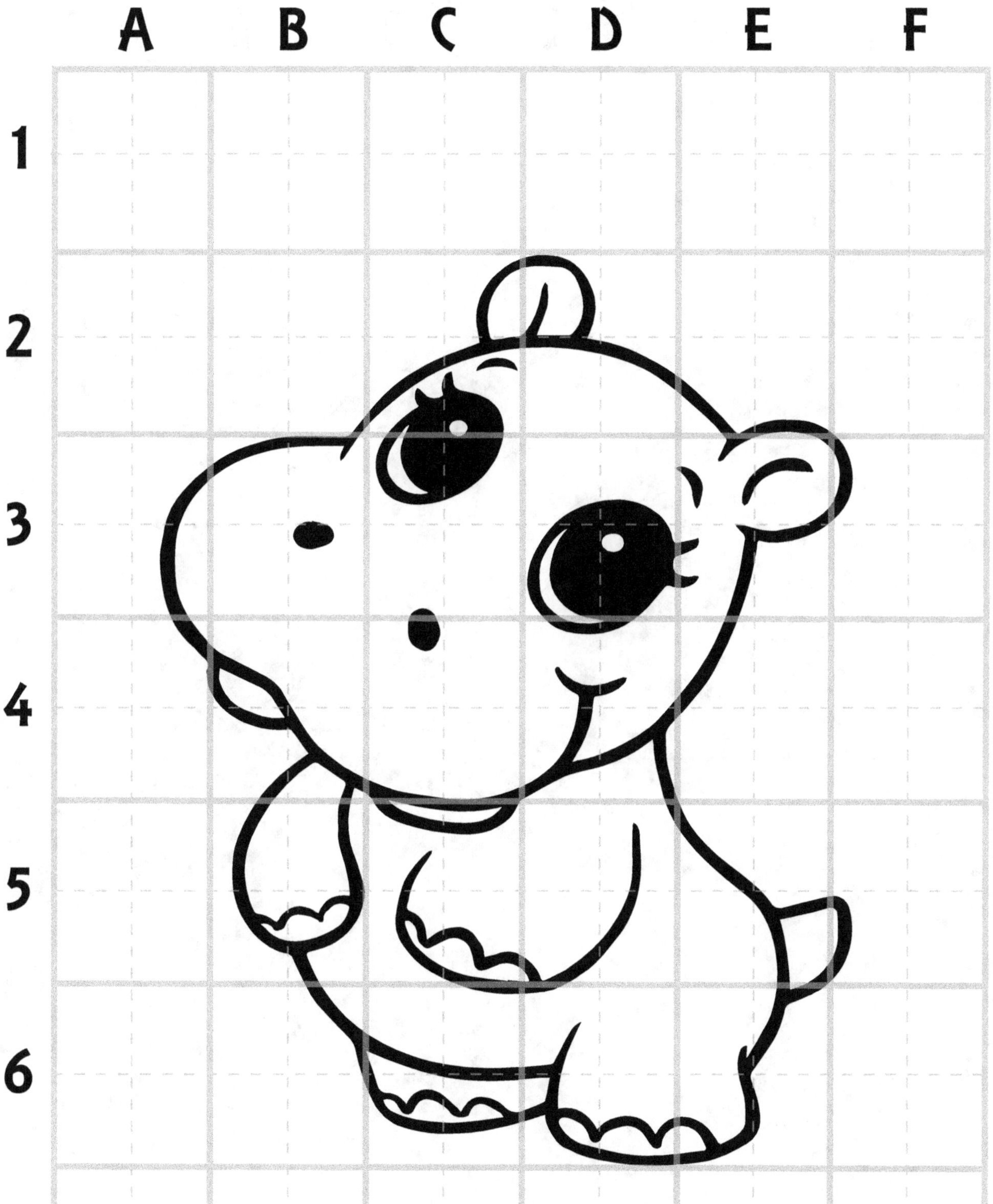

YOUR TURN!

	A	B	C	D	E	F
1						
2						
3						
4						
5						
6						
7						

COW

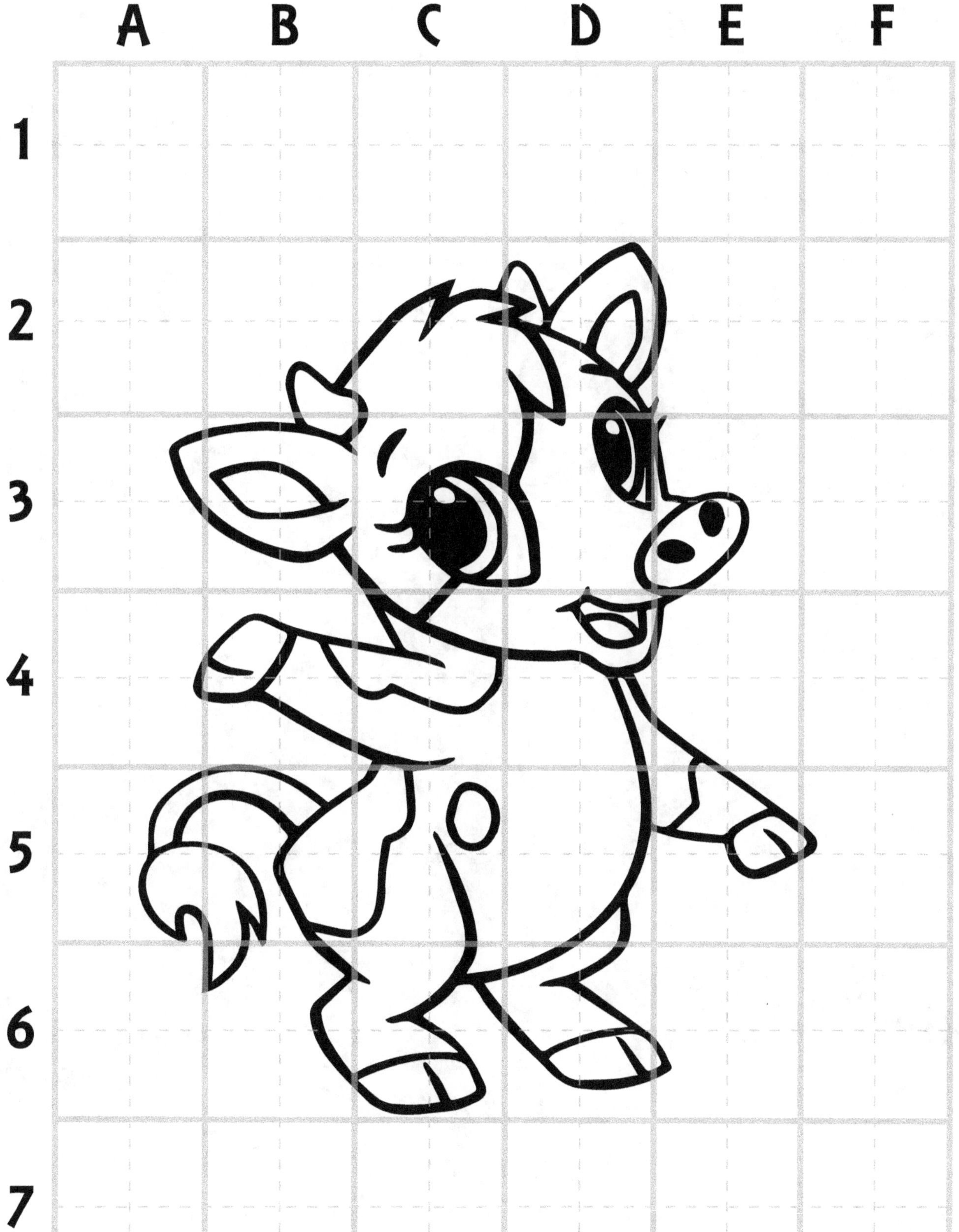

YOUR TURN!

	A	B	C	D	E	F
1						
2						
3						
4						
5						
6						
7						

TEDDY BEAR

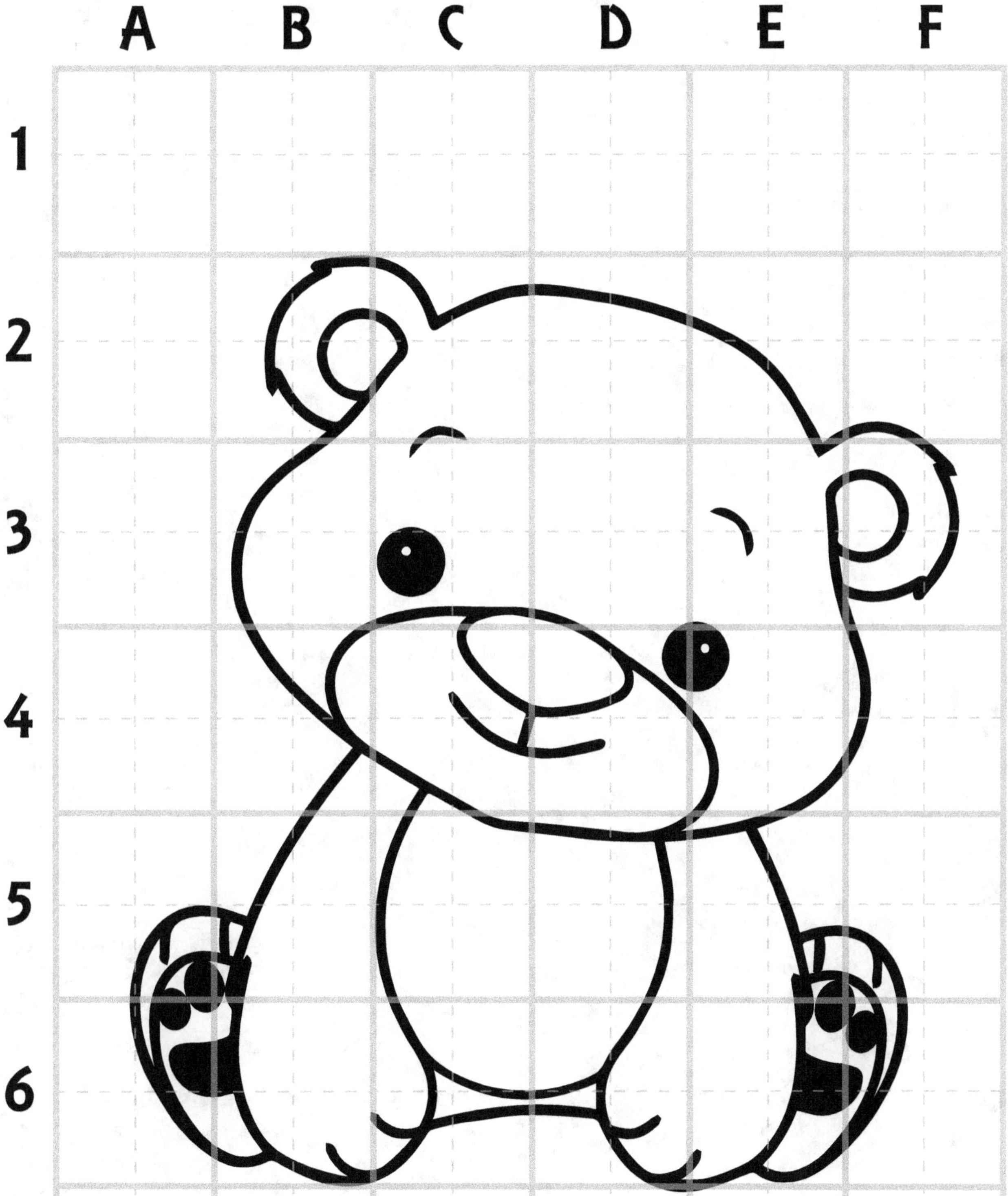

YOUR TURN!

	A	B	C	D	E	F
1						
2						
3						
4						
5						
6						
7						

DESSIN SINGE

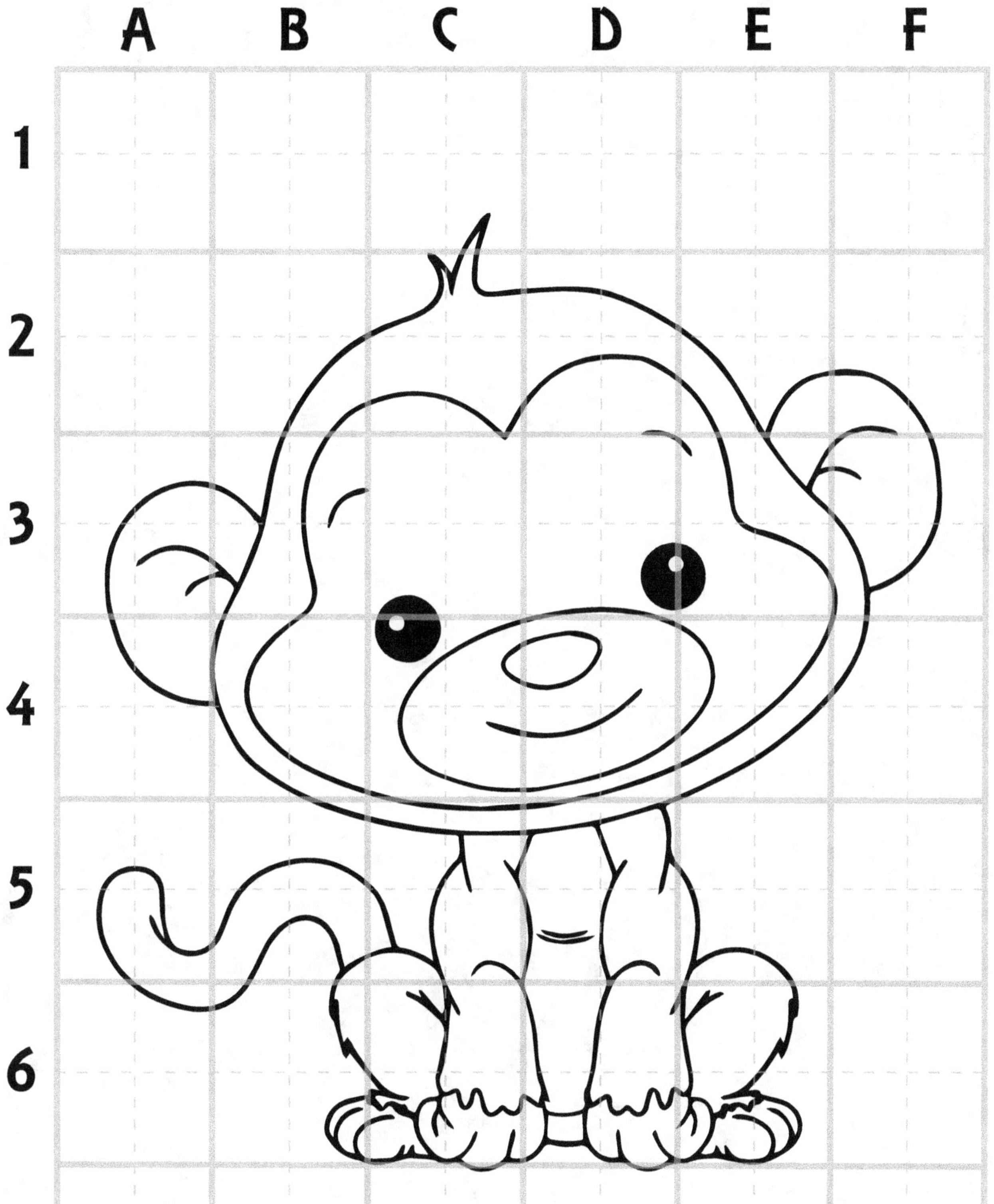

YOUR TURN!

	A	B	C	D	E	F
1						
2						
3						
4						
5						
6						
7						

ELEPHANT

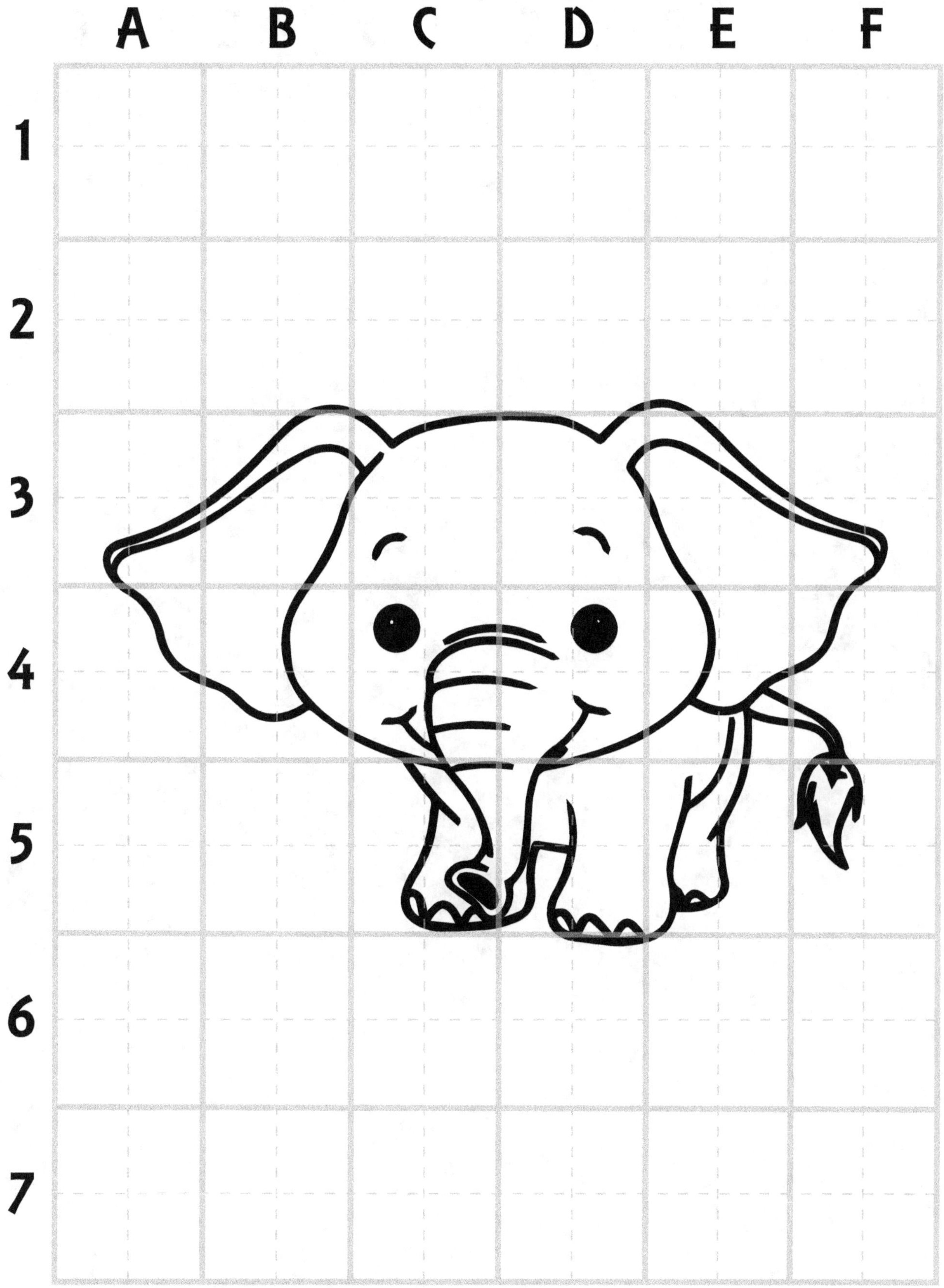

YOUR TURN!

	A	B	C	D	E	F
1						
2						
3						
4						
5						
6						
7						

GIRAFFE

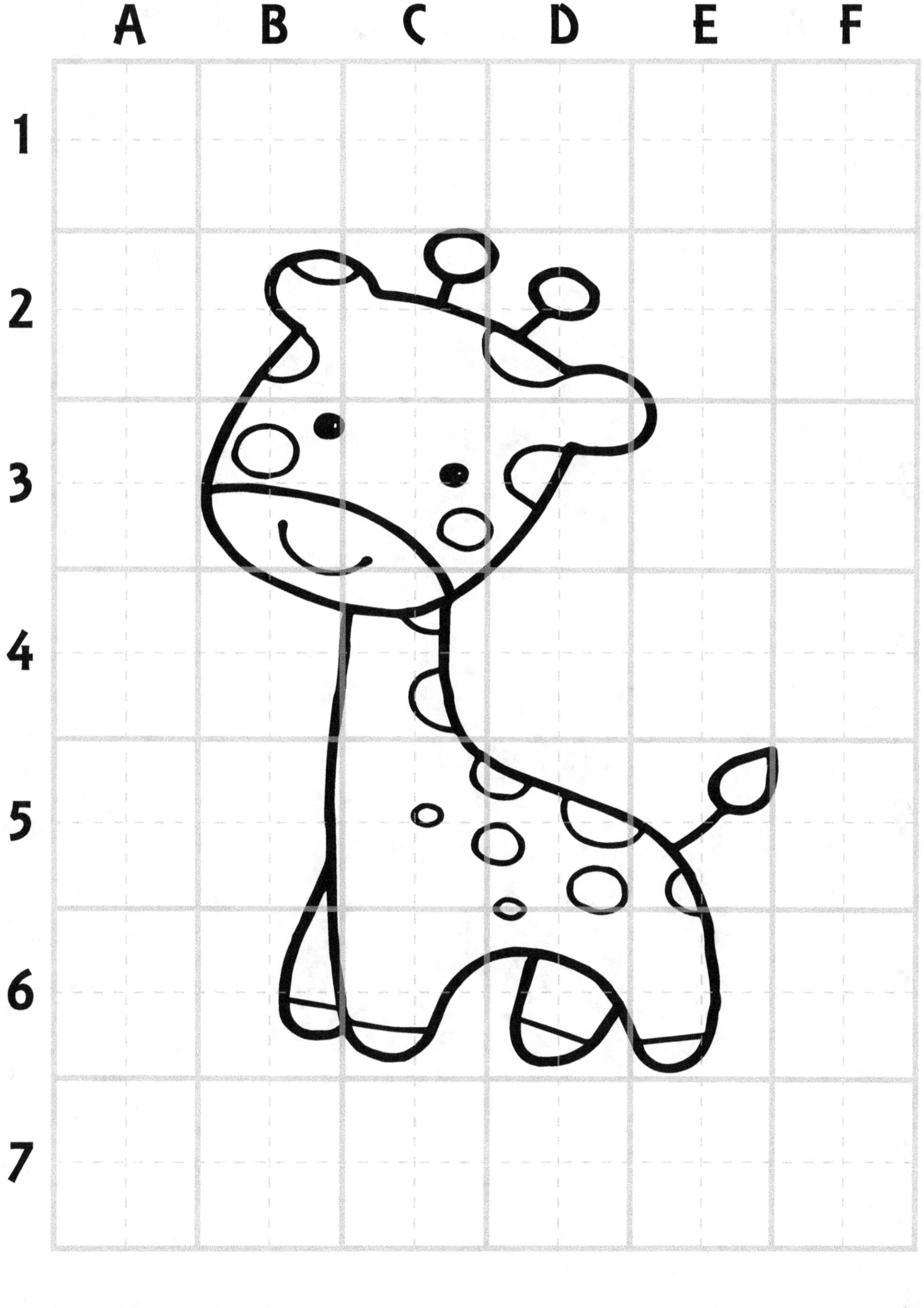

YOUR TURN!

	A	B	C	D	E	F
1						
2						
3						
4						
5						
6						
7						

BAT

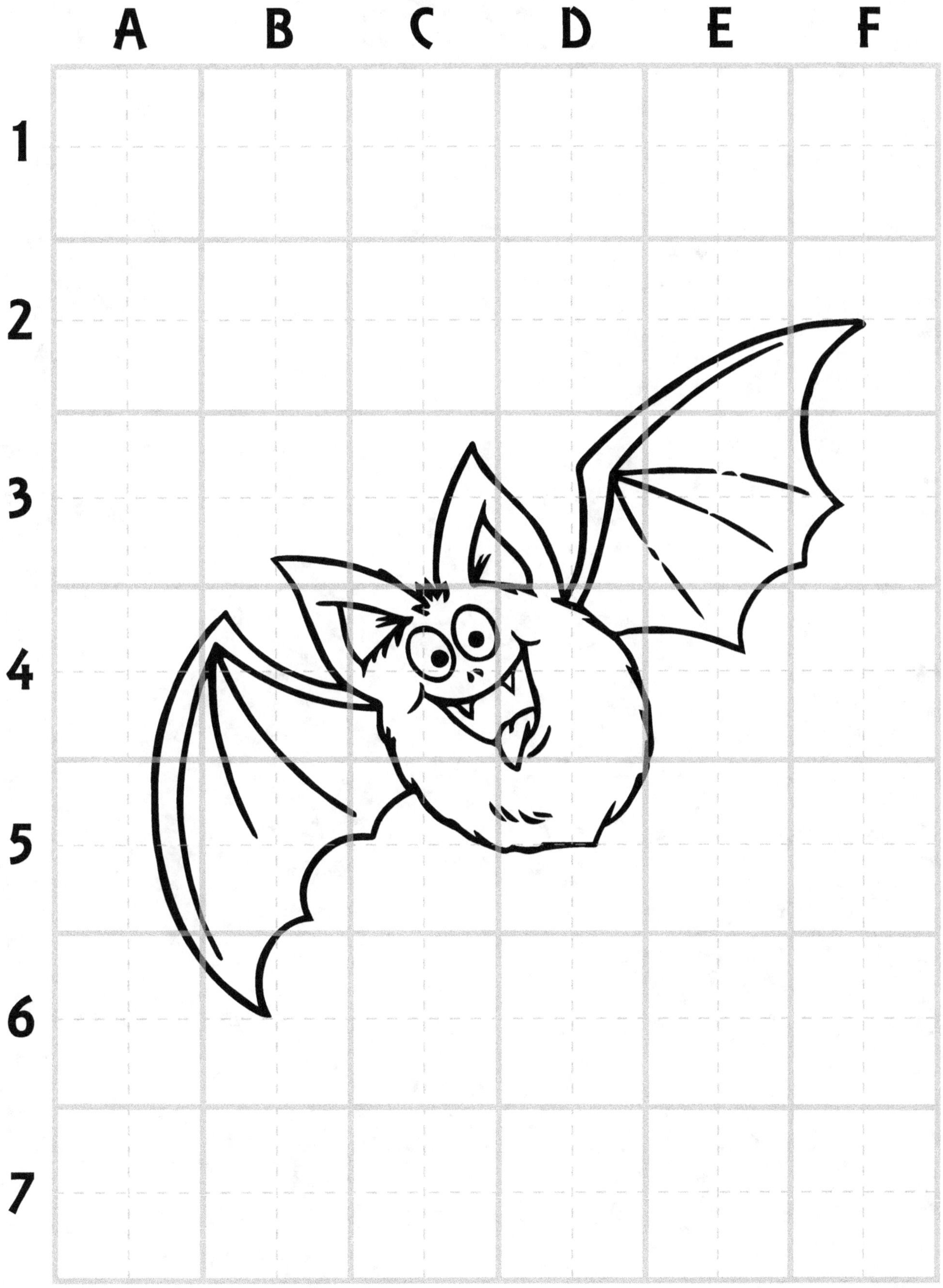

YOUR TURN!

	A	B	C	D	E	F
1						
2						
3						
4						
5						
6						
7						

DUCK

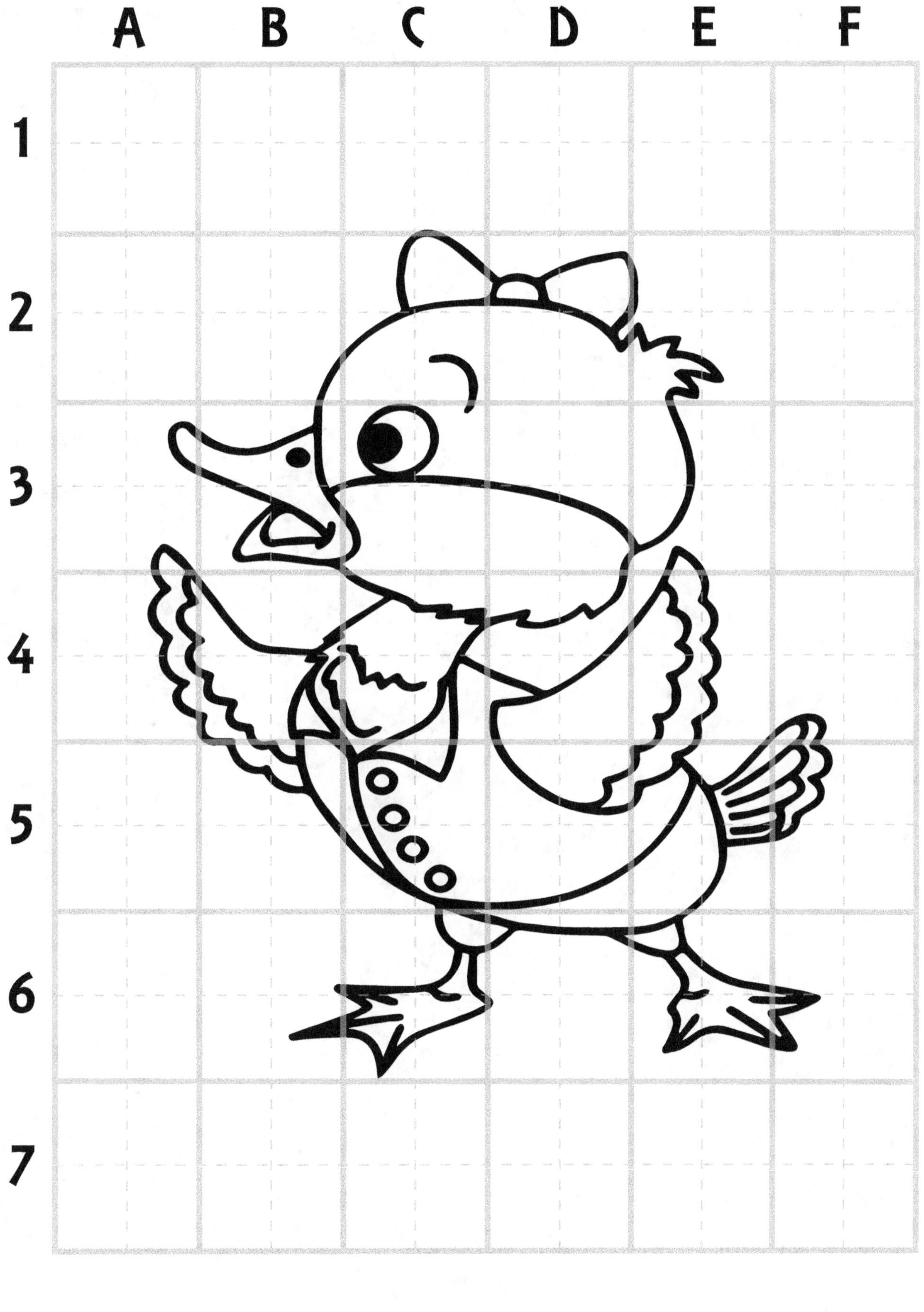

YOUR TURN!

	A	B	C	D	E	F
1						
2						
3						
4						
5						
6						
7						

FROG

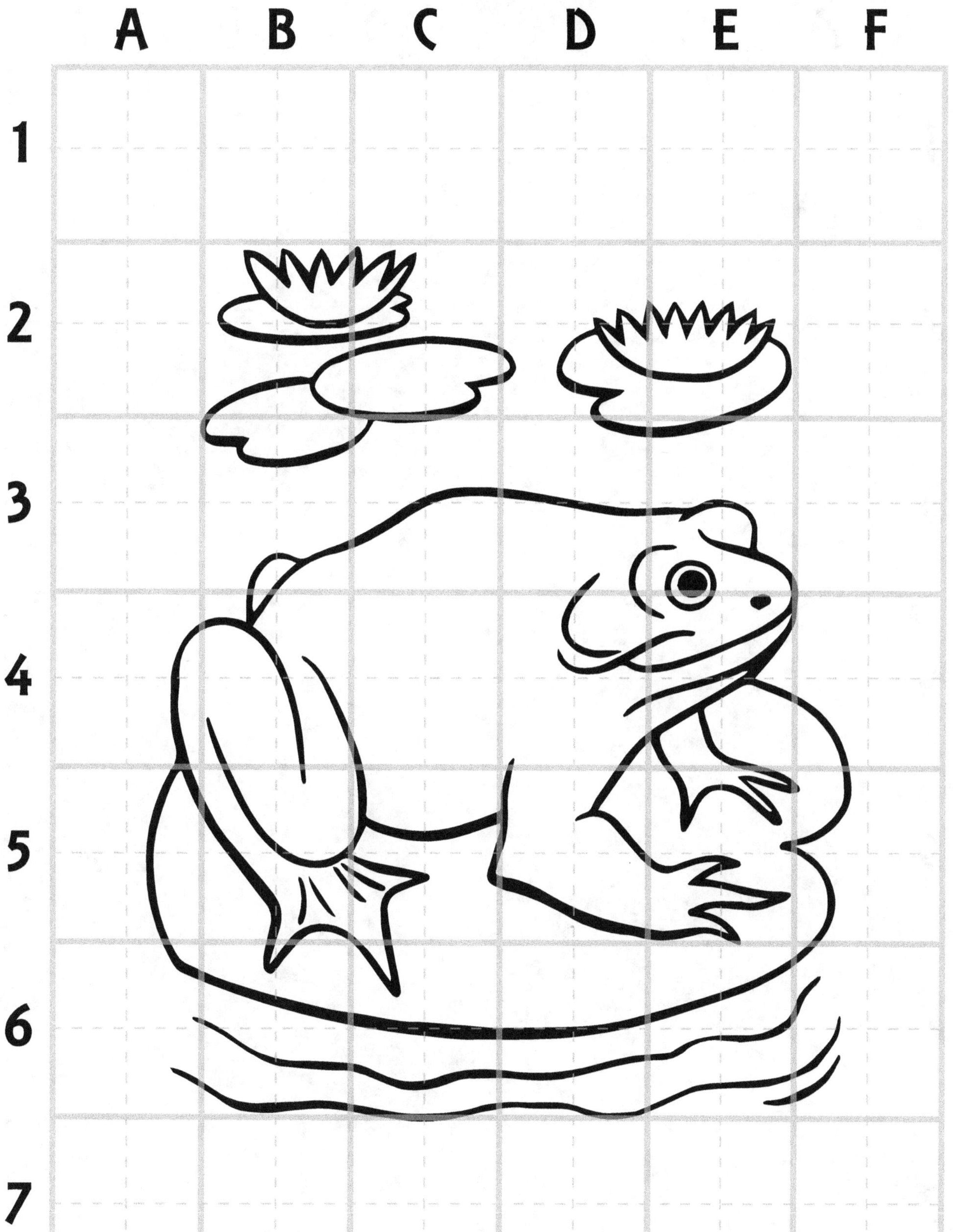

YOUR TURN!

	A	B	C	D	E	F
1						
2						
3						
4						
5						
6						
7						

CAT

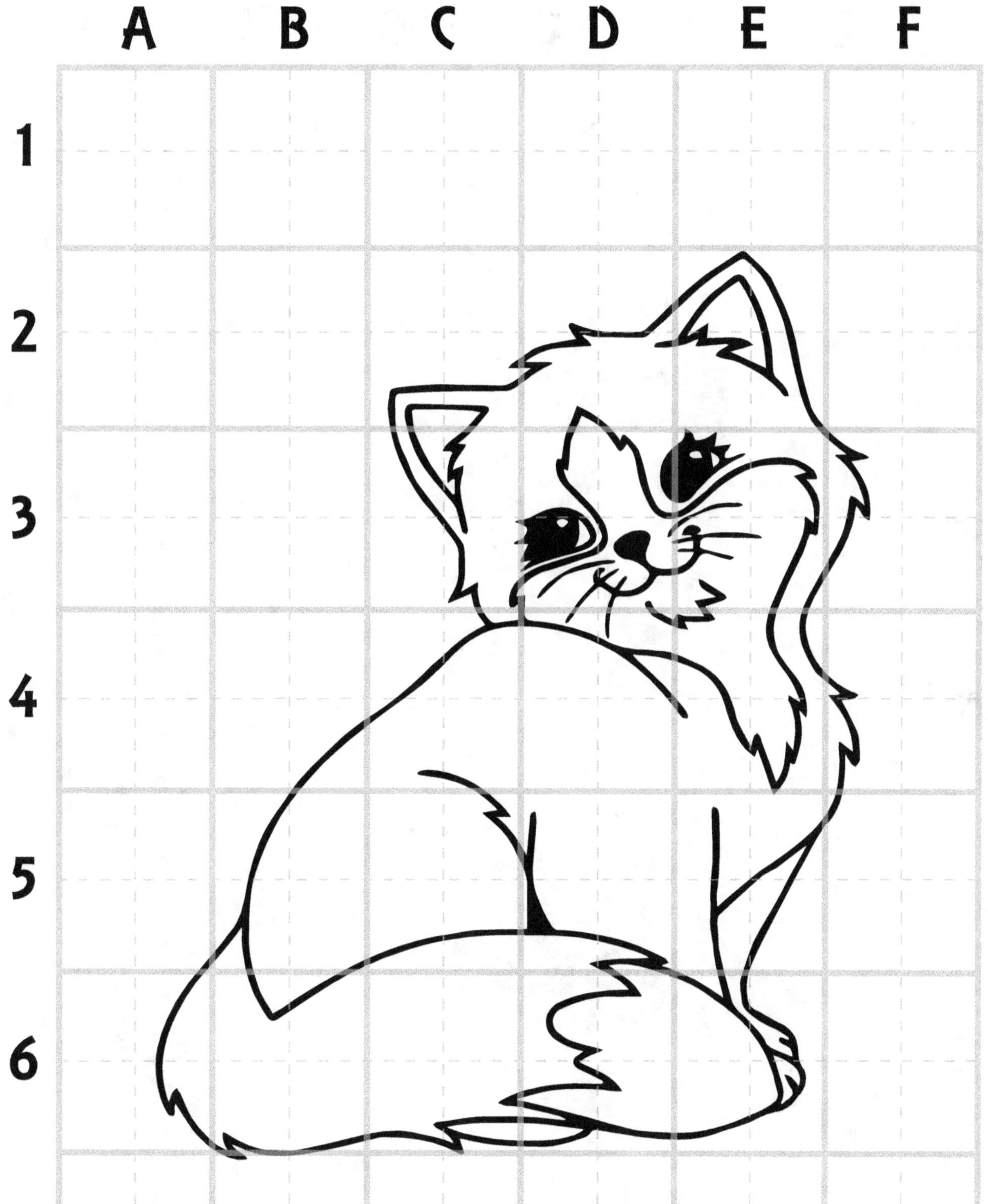

YOUR TURN!

	A	B	C	D	E	F
1						
2						
3						
4						
5						
6						
7						

HIPPO

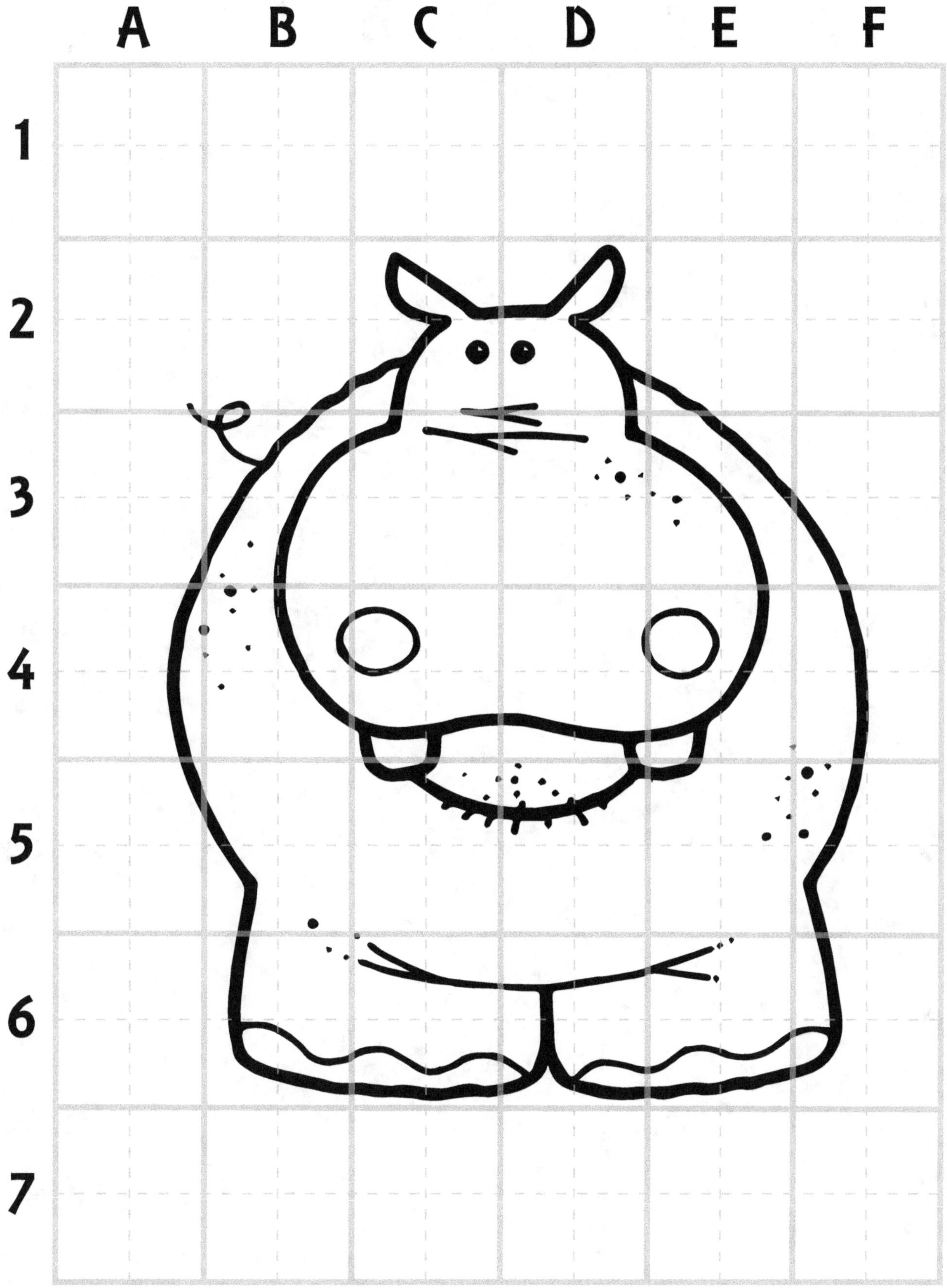

YOUR TURN!

	A	B	C	D	E	F
1						
2						
3						
4						
5						
6						
7						

BUTTERFLY

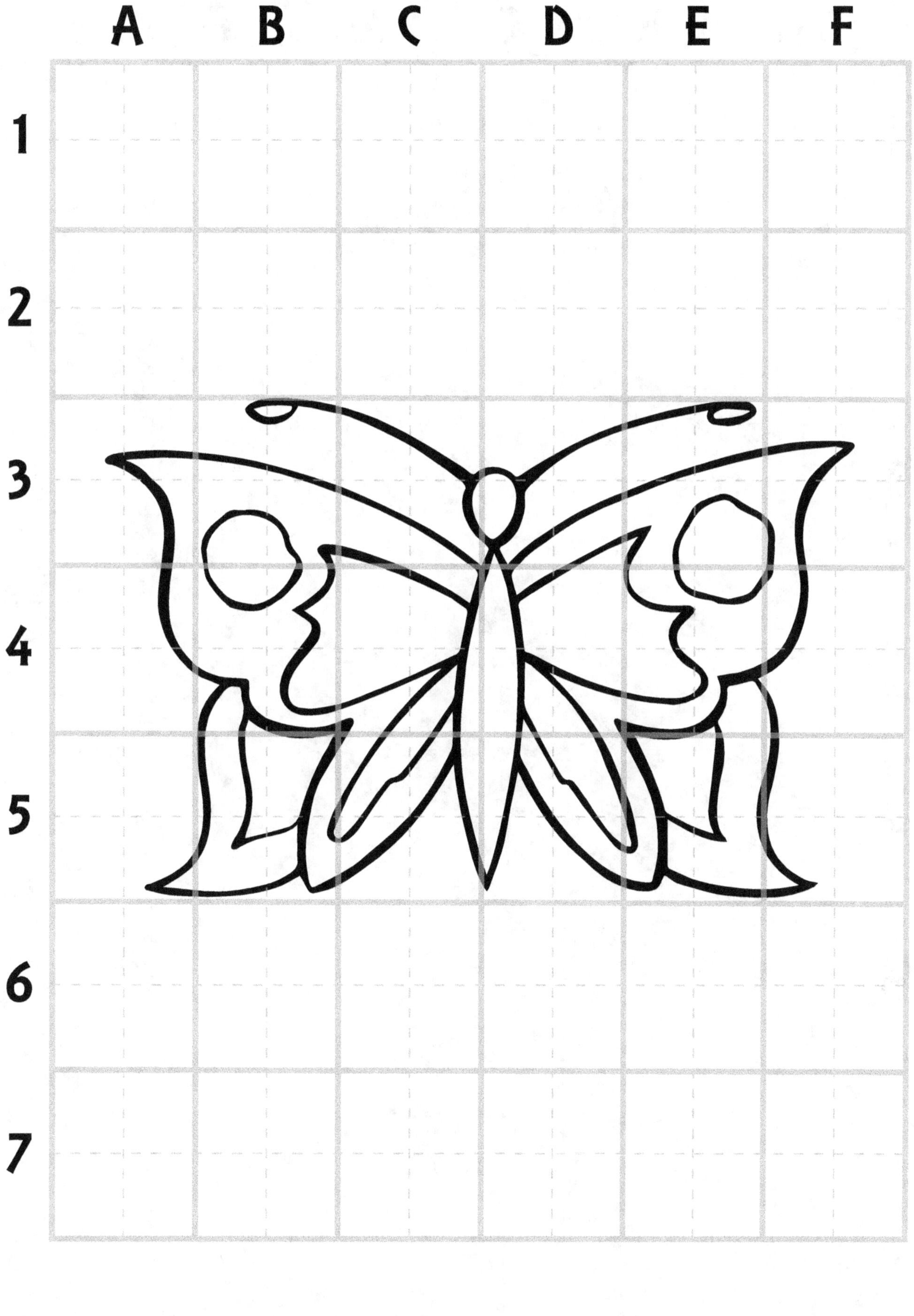

YOUR TURN!

	A	B	C	D	E	F
1						
2						
3						
4						
5						
6						
7						

MONKEY

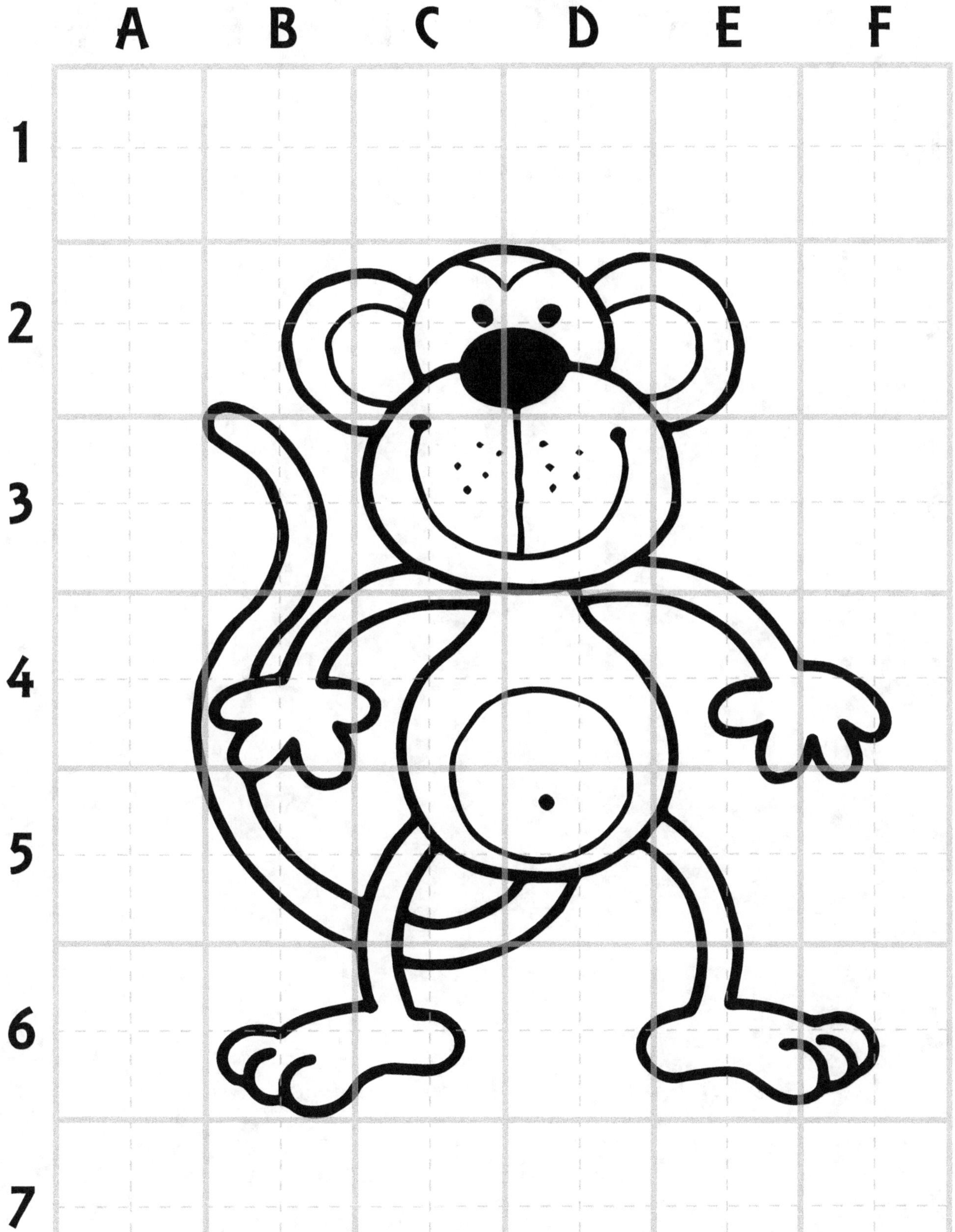

YOUR TURN!

	A	B	C	D	E	F
1						
2						
3						
4						
5						
6						
7						

MACAW

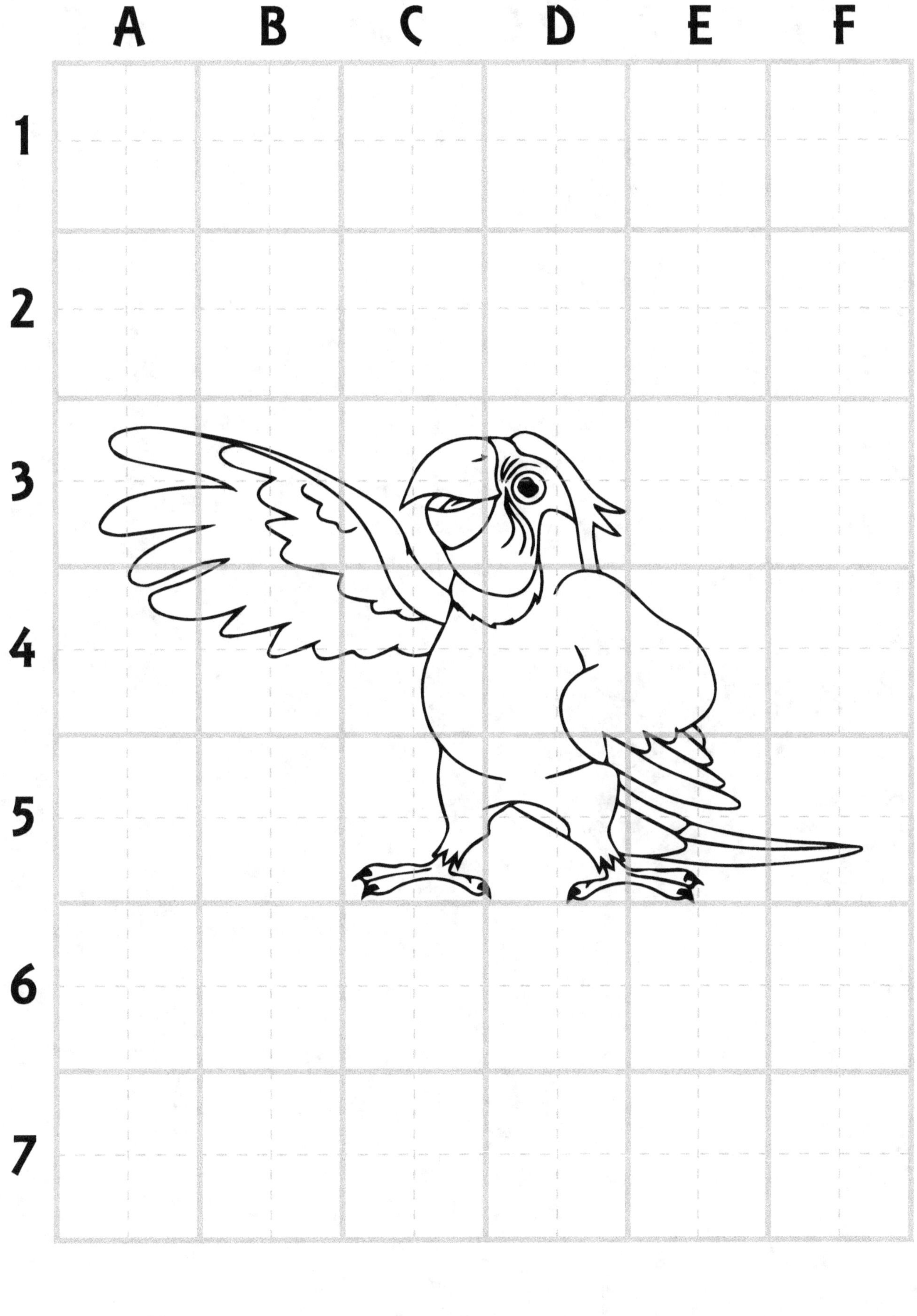

YOUR TURN!

	A	B	C	D	E	F
1						
2						
3						
4						
5						
6						
7						

BEAR

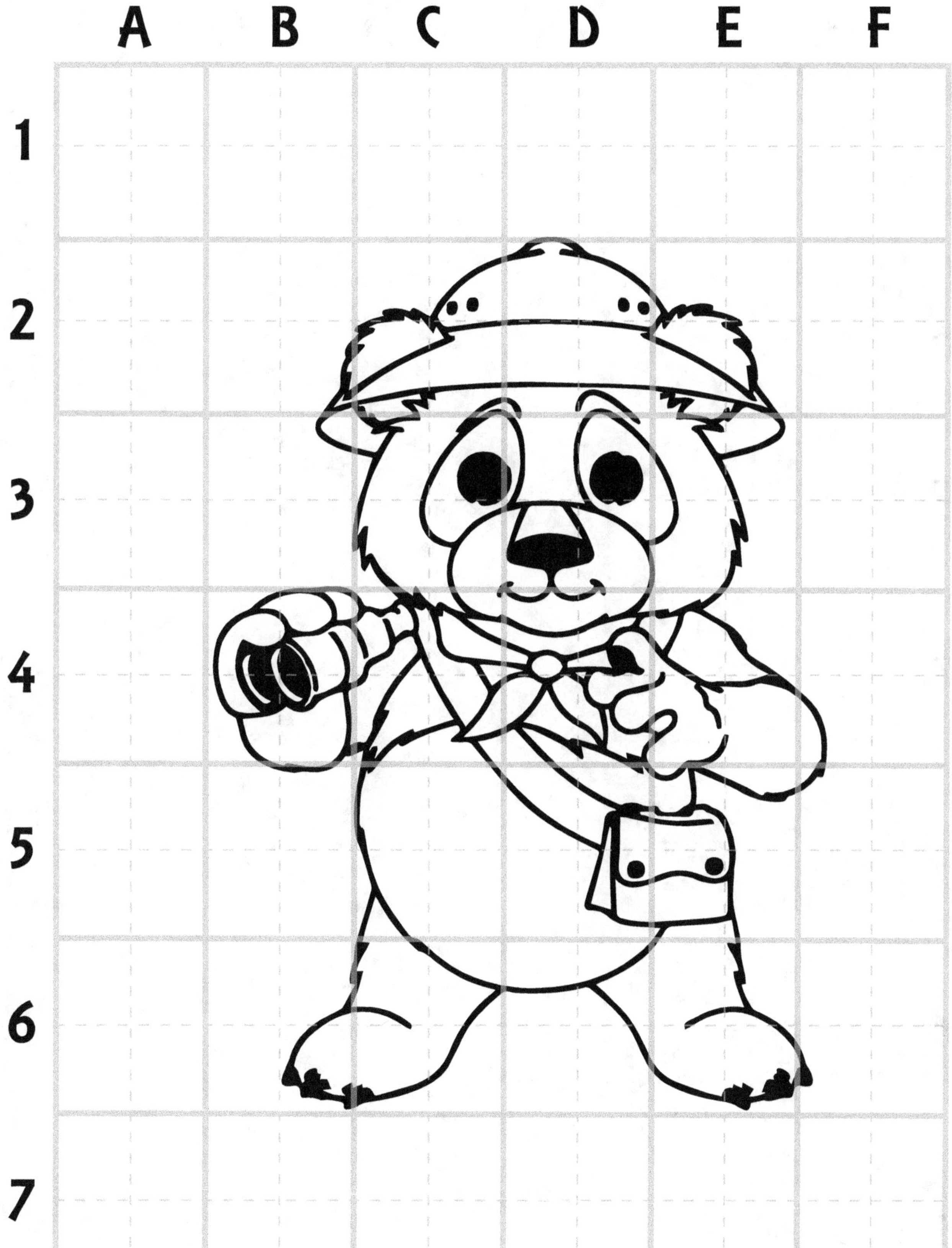

YOUR TURN!

	A	B	C	D	E	F
1						
2						
3						
4						
5						
6						
7						

DOLPHIN

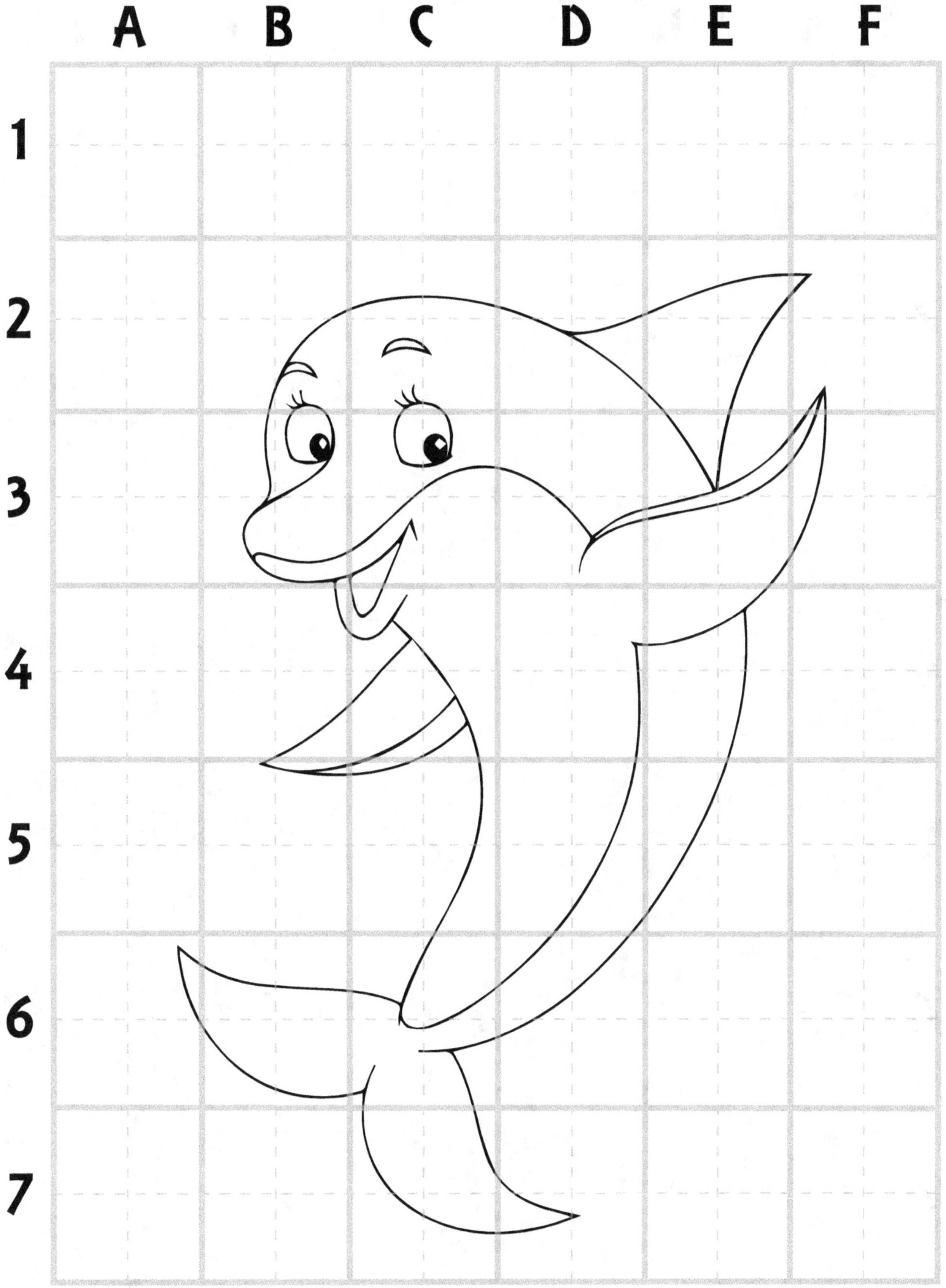

YOUR TURN!

	A	B	C	D	E	F
1						
2						
3						
4						
5						
6						
7						

FROG

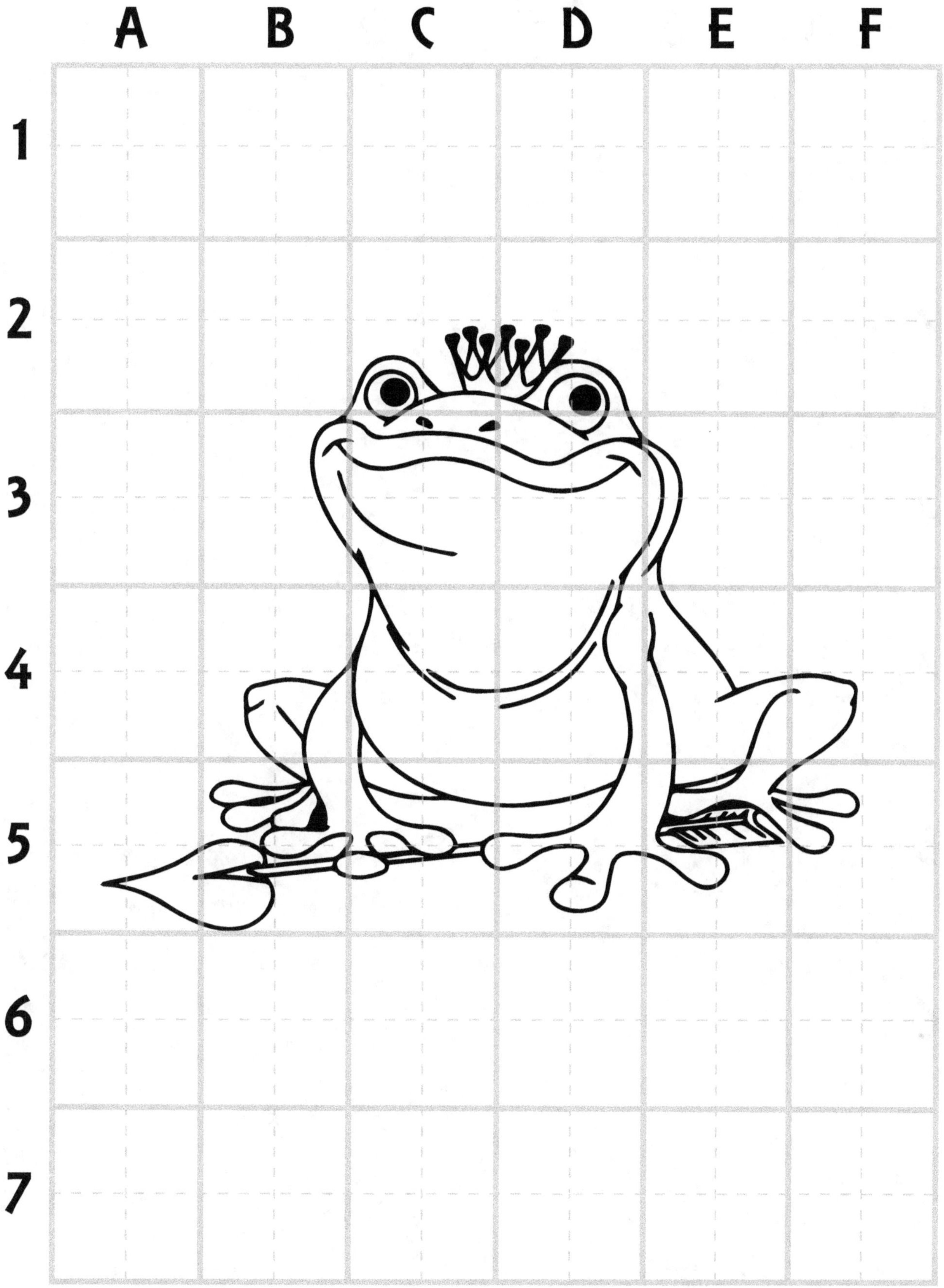

YOUR TURN!

	A	B	C	D	E	F
1						
2						
3						
4						
5						
6						
7						

GOAT

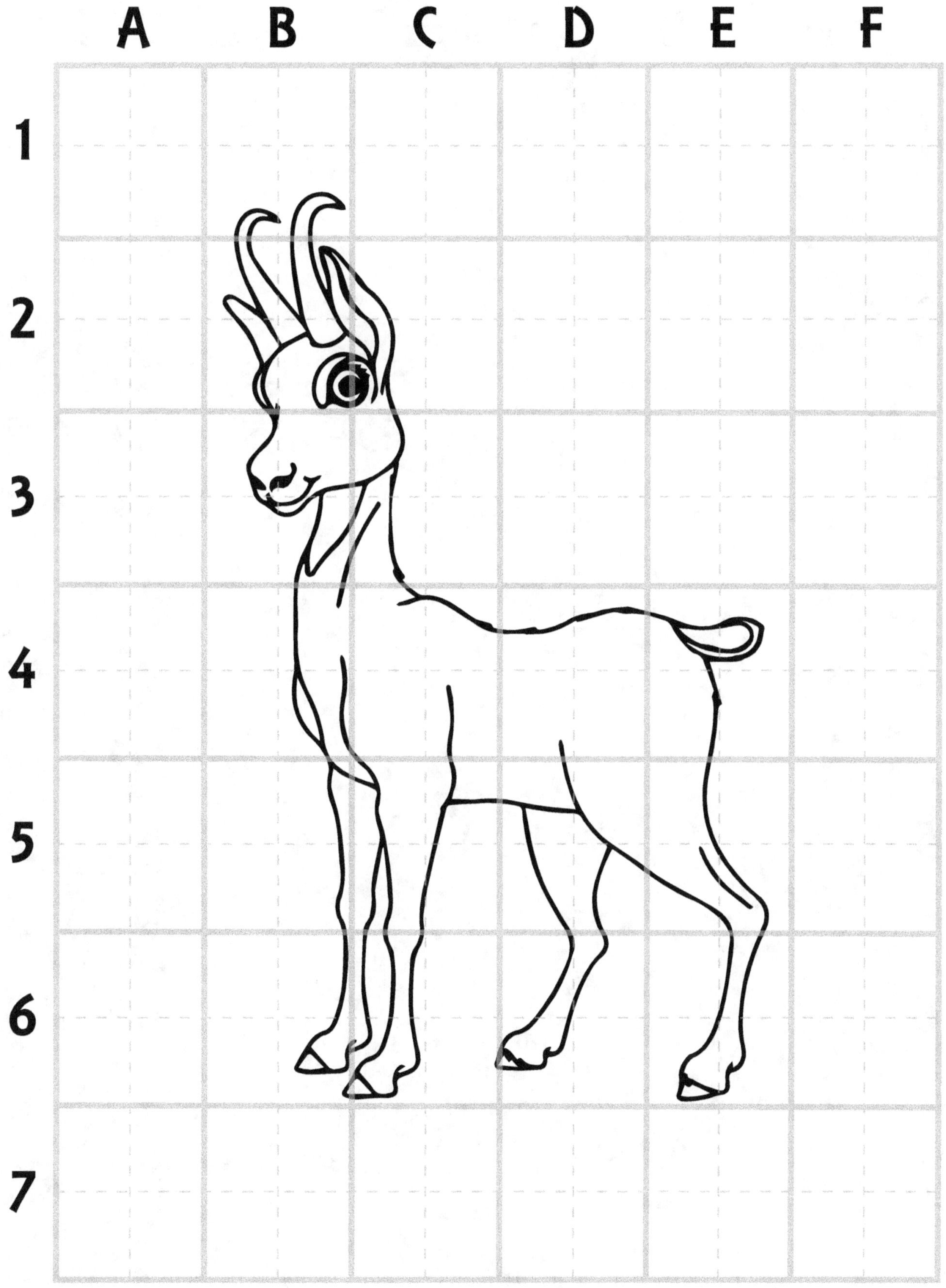

YOUR TURN!

	A	B	C	D	E	F
1						
2						
3						
4						
5						
6						
7						

PEACOCK

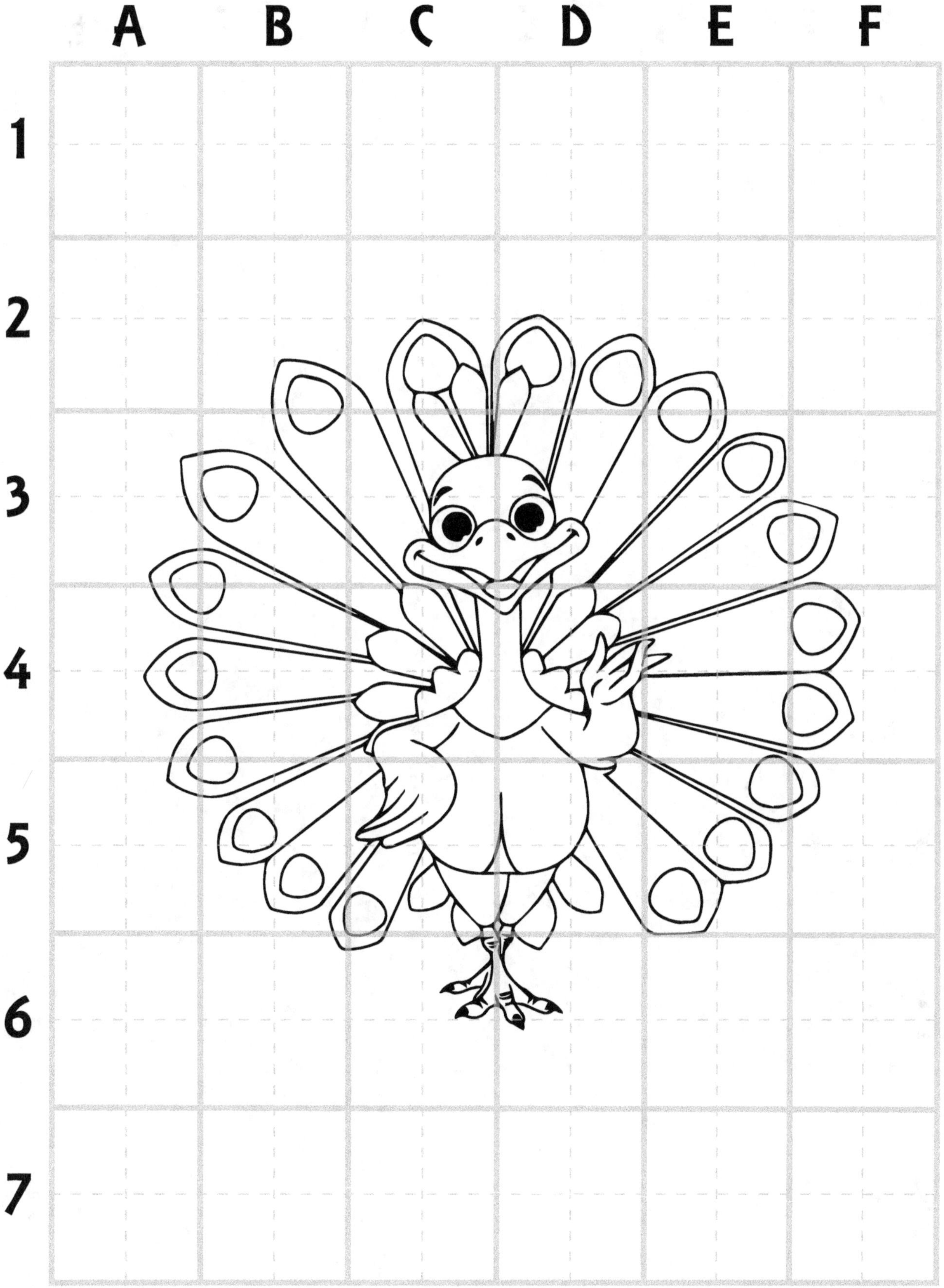

YOUR TURN!

	A	B	C	D	E	F
1						
2						
3						
4						
5						
6						
7						

TURTLE

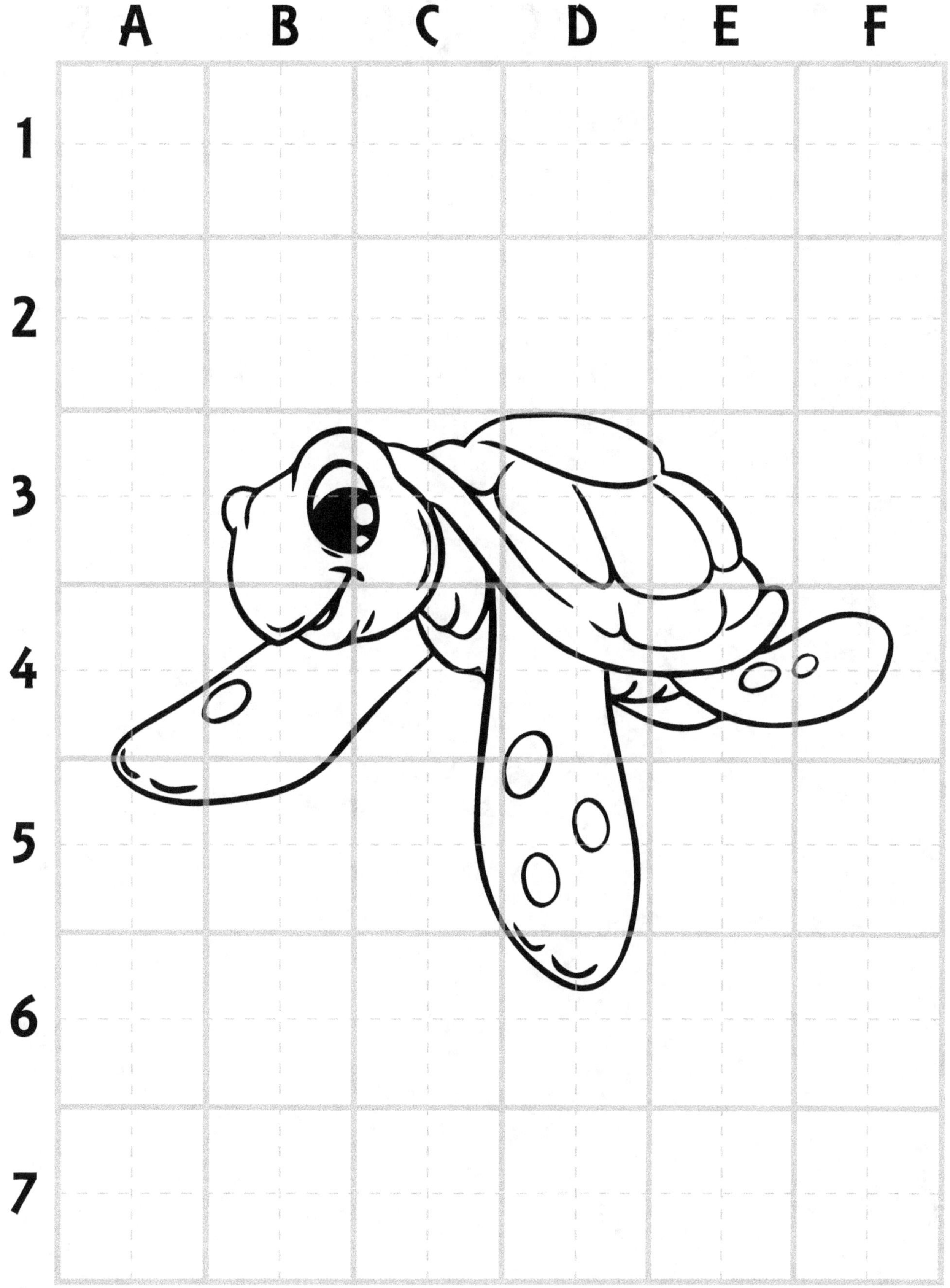

YOUR TURN!

	A	B	C	D	E	F
1						
2						
3						
4						
5						
6						
7						

CAT

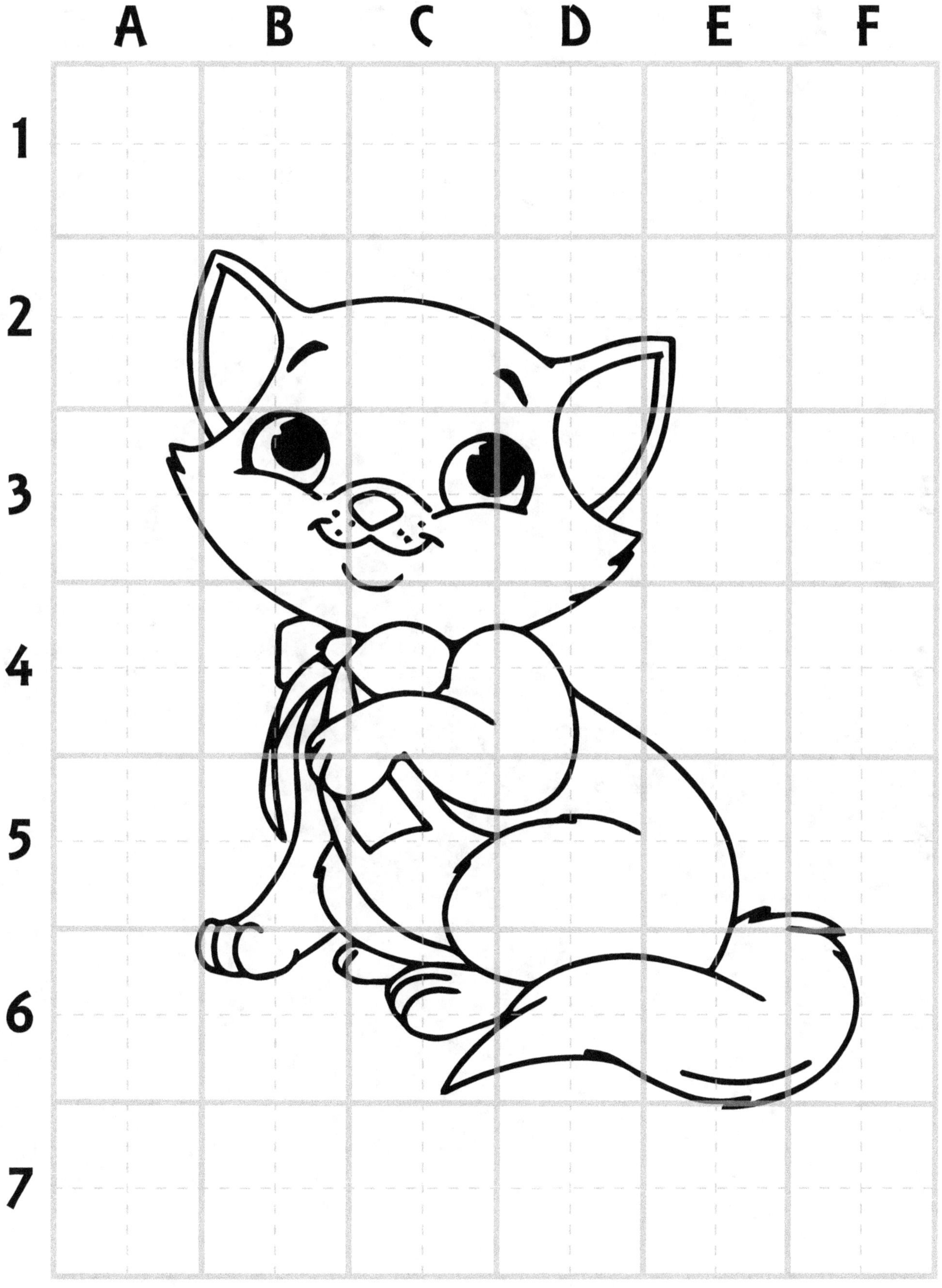

YOUR TURN!

	A	B	C	D	E	F
1						
2						
3						
4						
5						
6						
7						

ELEPHANT

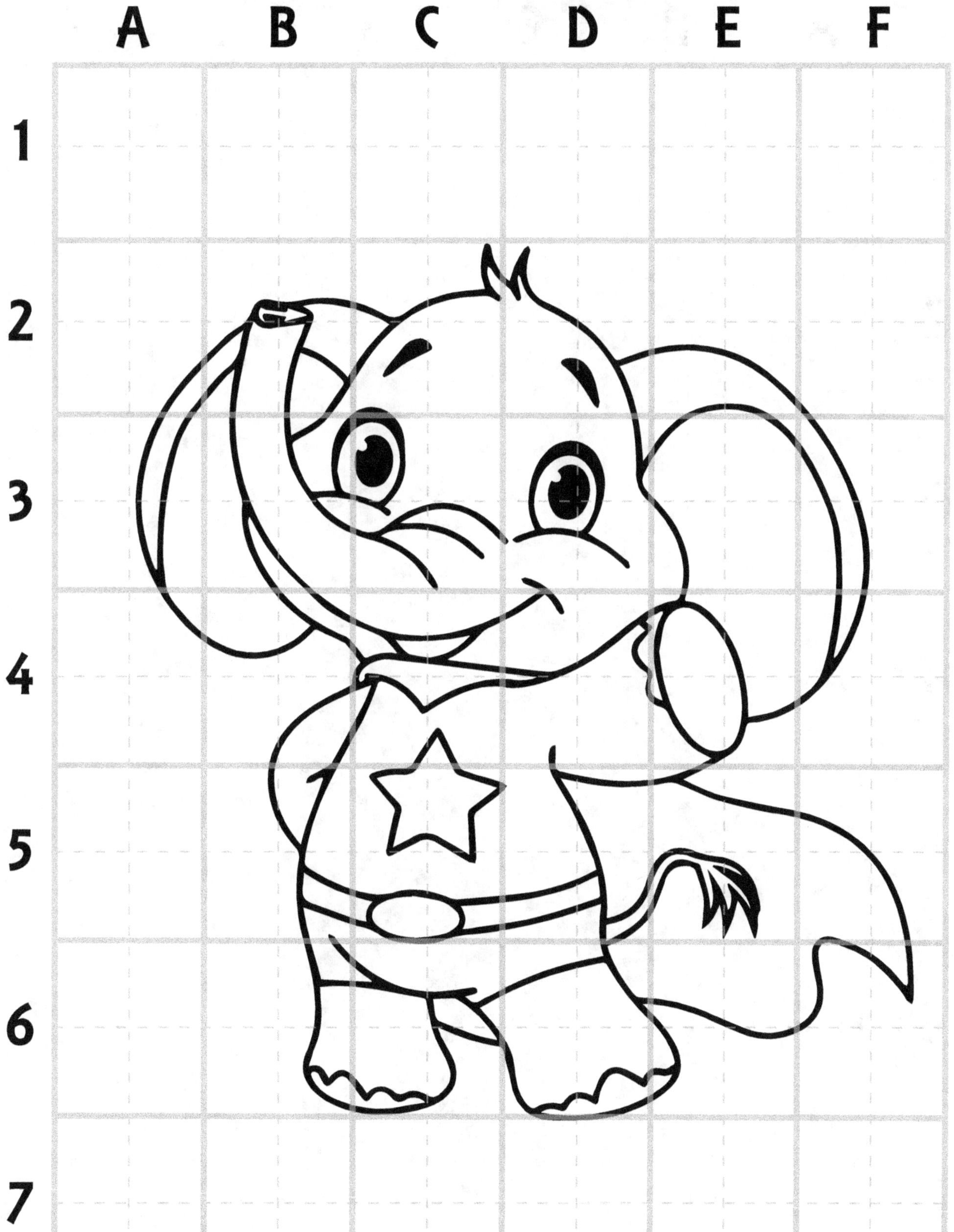

YOUR TURN!

	A	B	C	D	E	F
1						
2						
3						
4						
5						
6						
7						

DOG

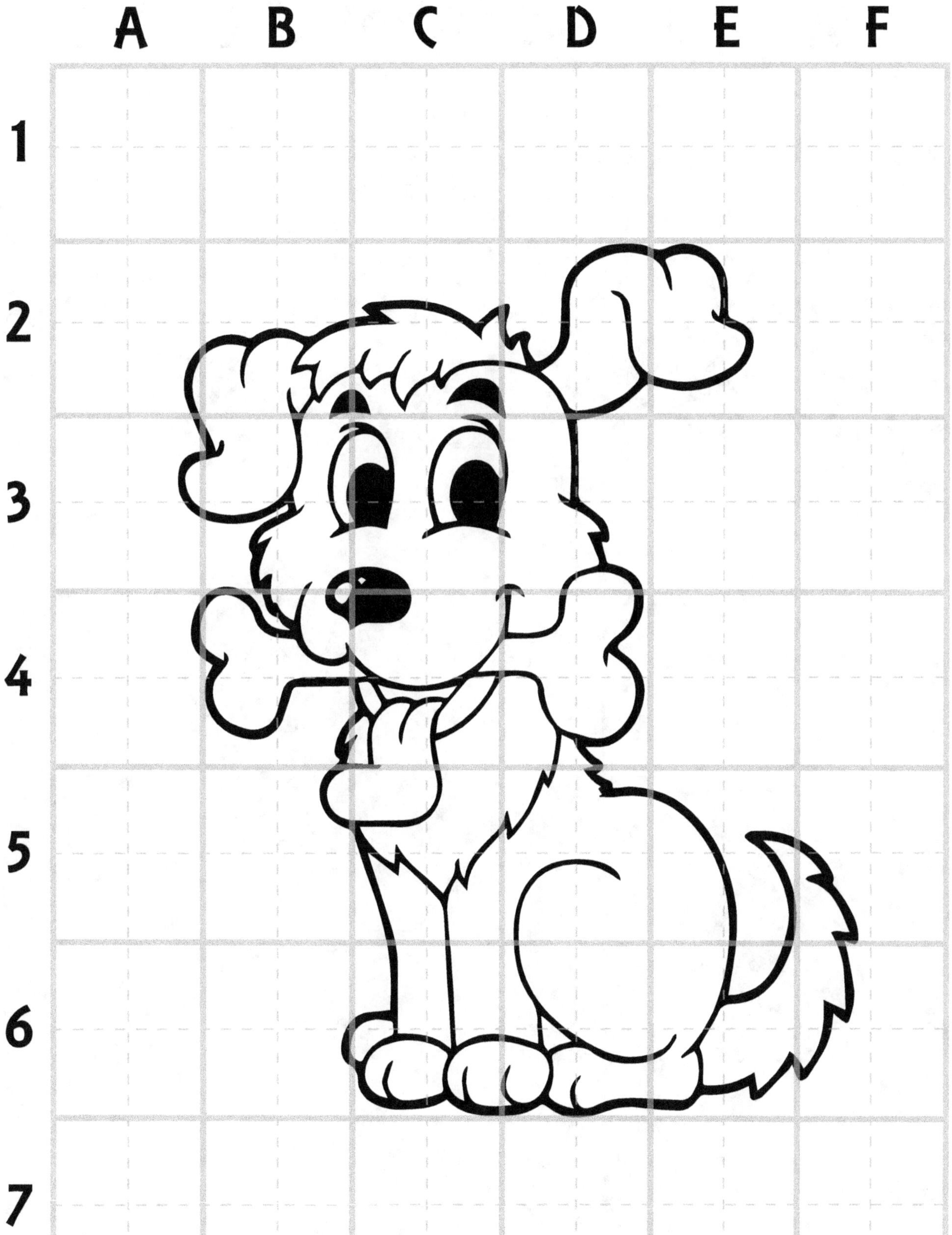

YOUR TURN!

	A	B	C	D	E	F
1						
2						
3						
4						
5						
6						
7						

GIRAFFE

A B C D E F

1
2
3
4
5
6
7

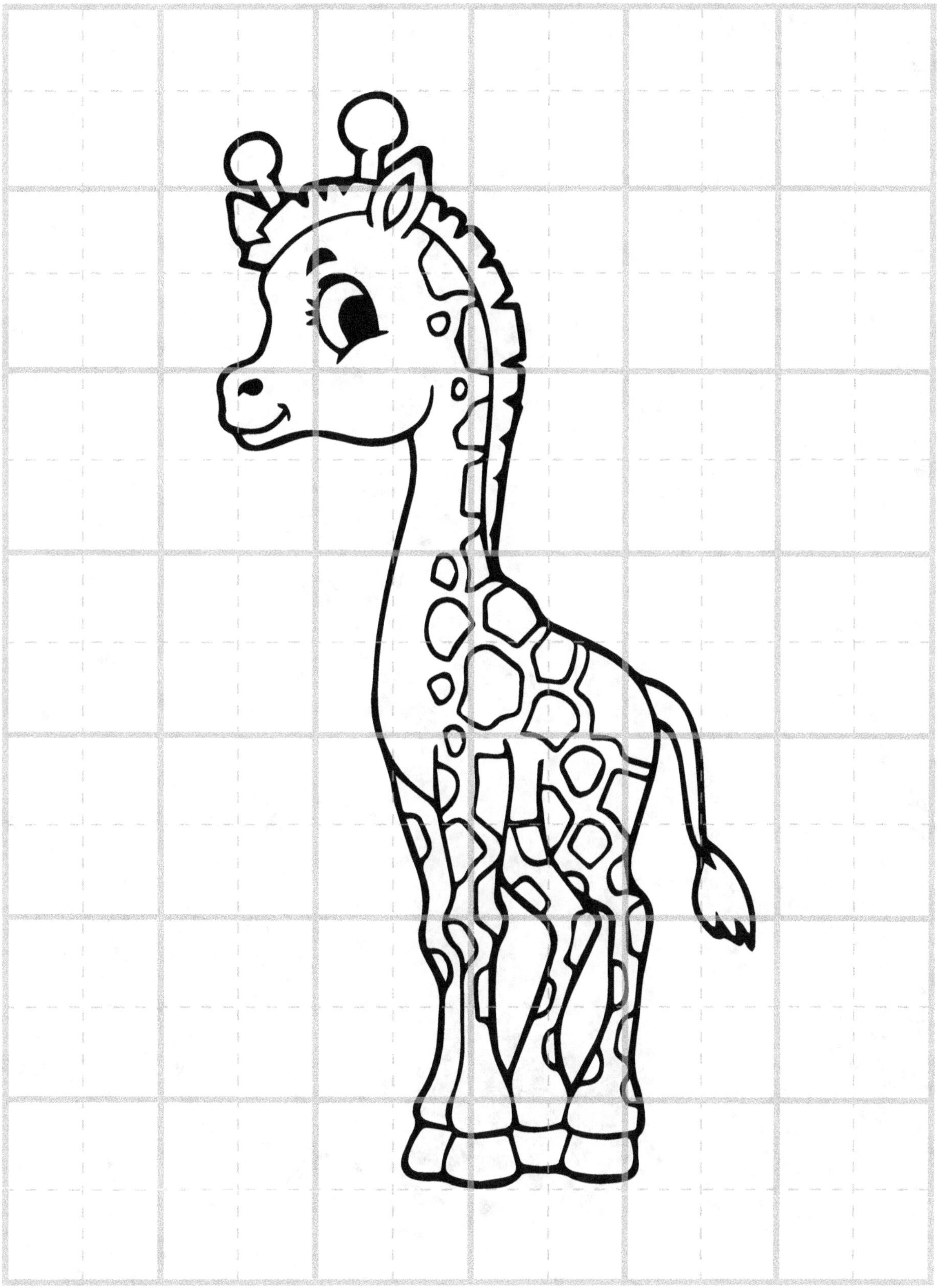

YOUR TURN!

	A	B	C	D	E	F
1						
2						
3						
4						
5						
6						
7						

BIRD

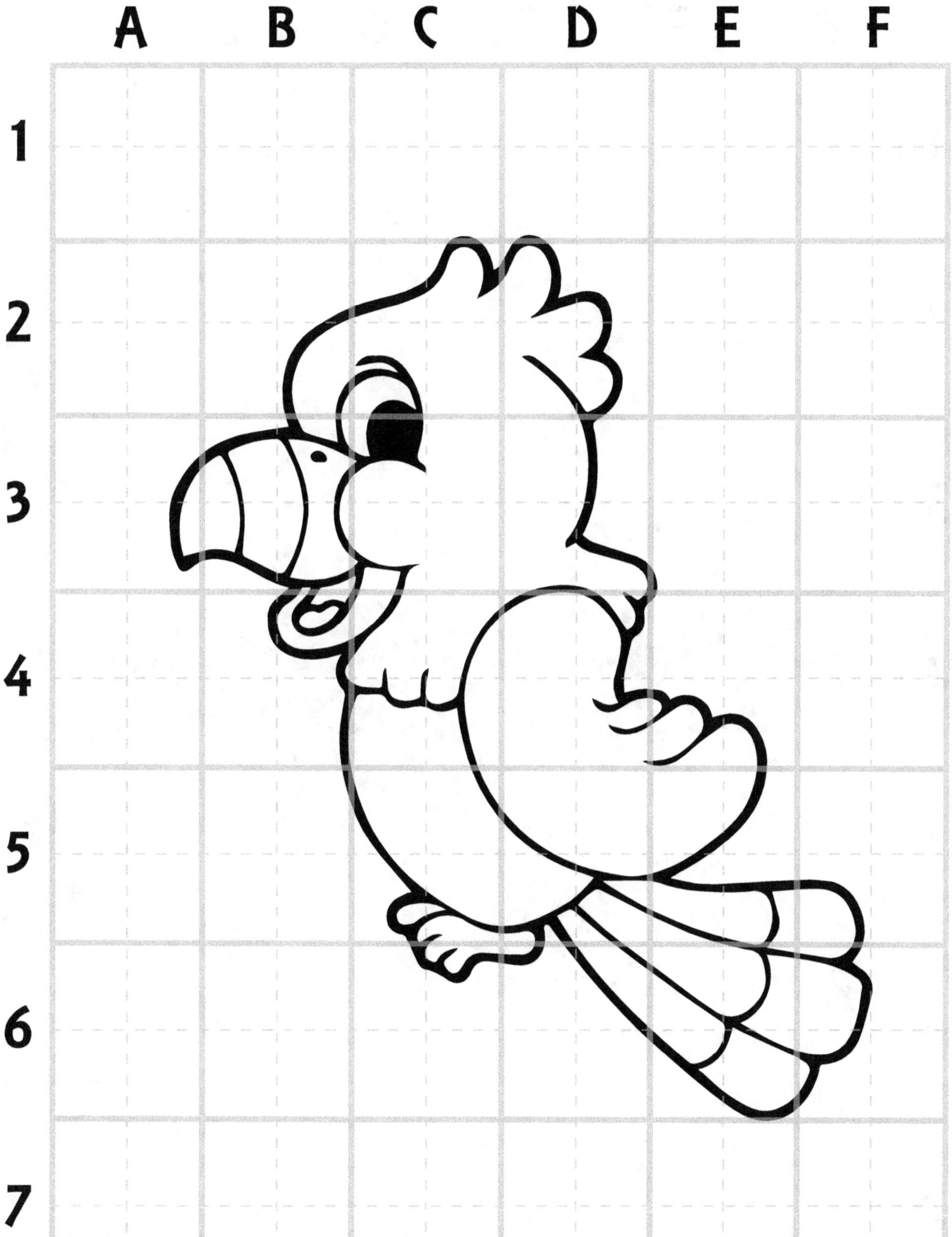

YOUR TURN!

	A	B	C	D	E	F
1						
2						
3						
4						
5						
6						
7						

CROCODILES

A B C D E F

1
2
3
4
5
6
7

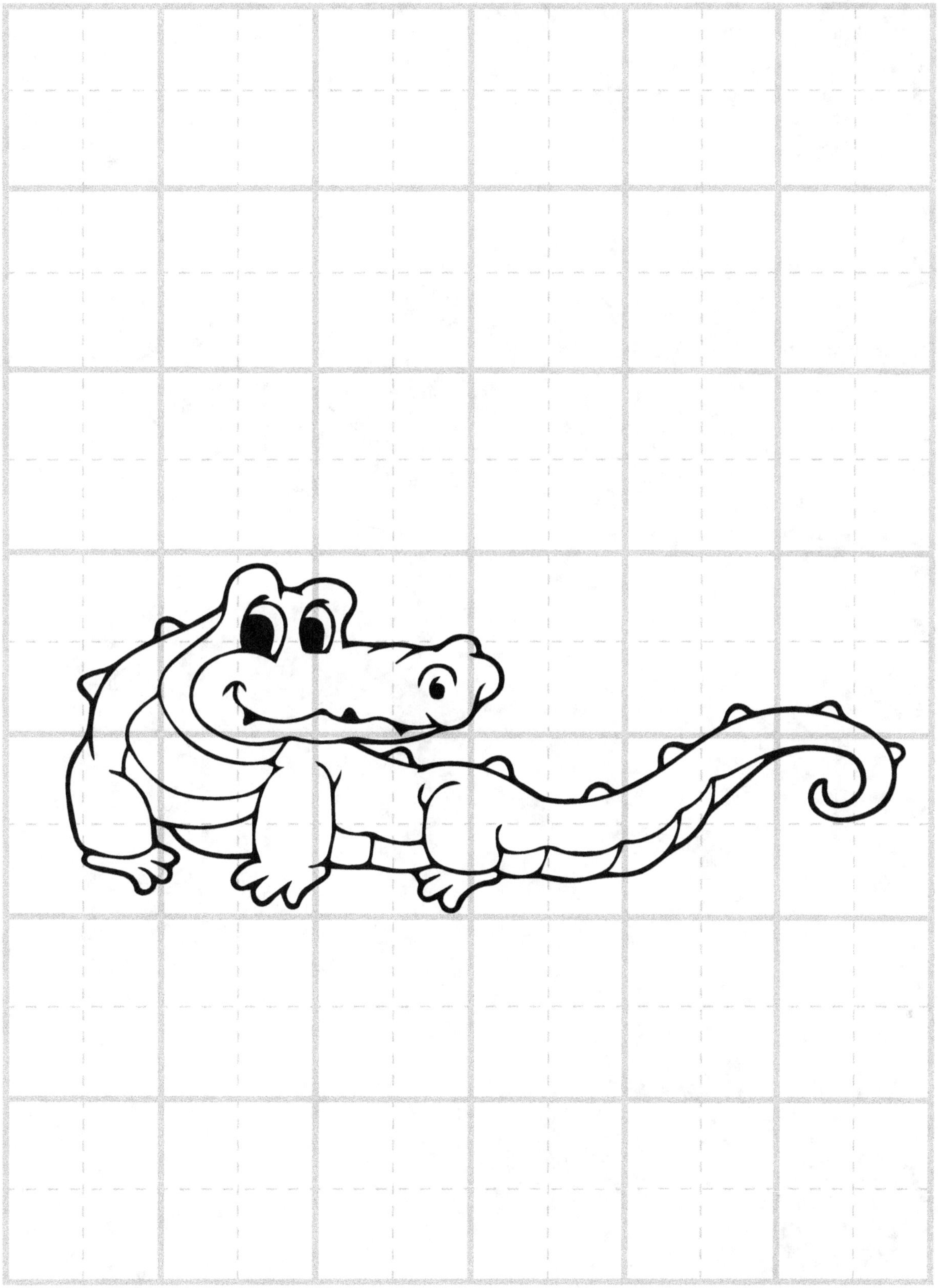

YOUR TURN!

	A	B	C	D	E	F
1						
2						
3						
4						
5						
6						
7						

HEN

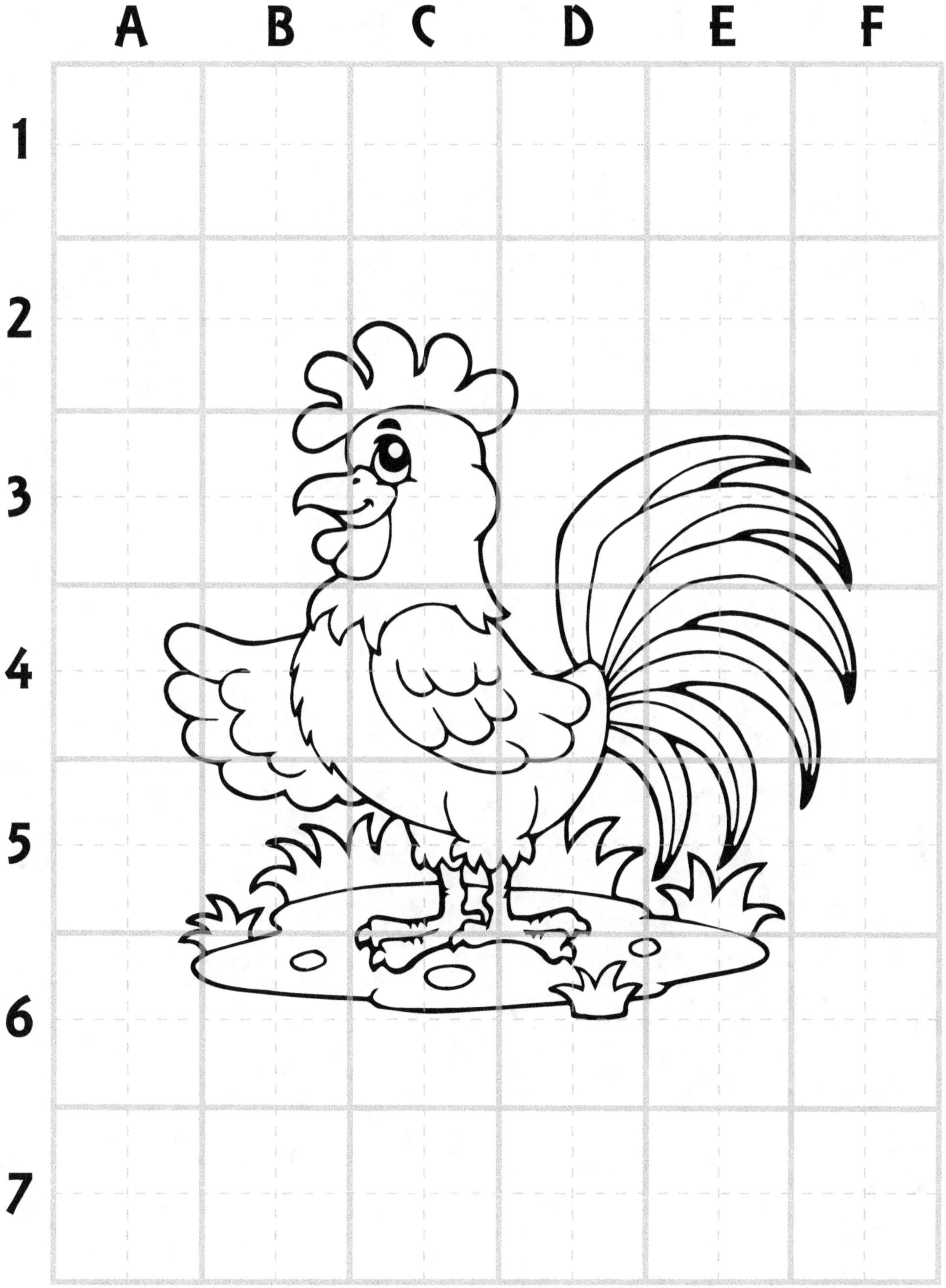

YOUR TURN!

	A	B	C	D	E	F
1						
2						
3						
4						
5						
6						
7						

KINGFISHER

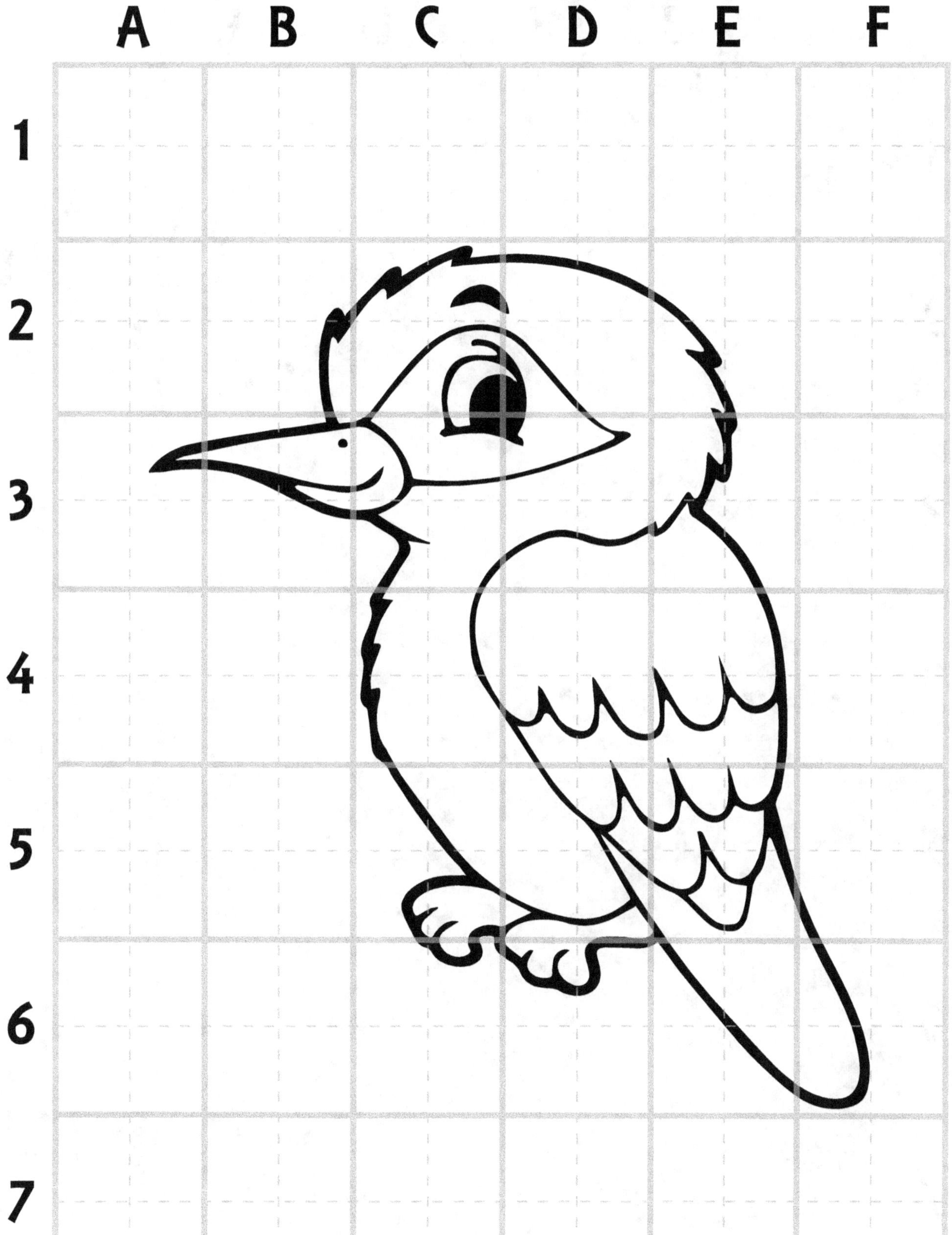

YOUR TURN!

	A	B	C	D	E	F
1						
2						
3						
4						
5						
6						
7						

FISH

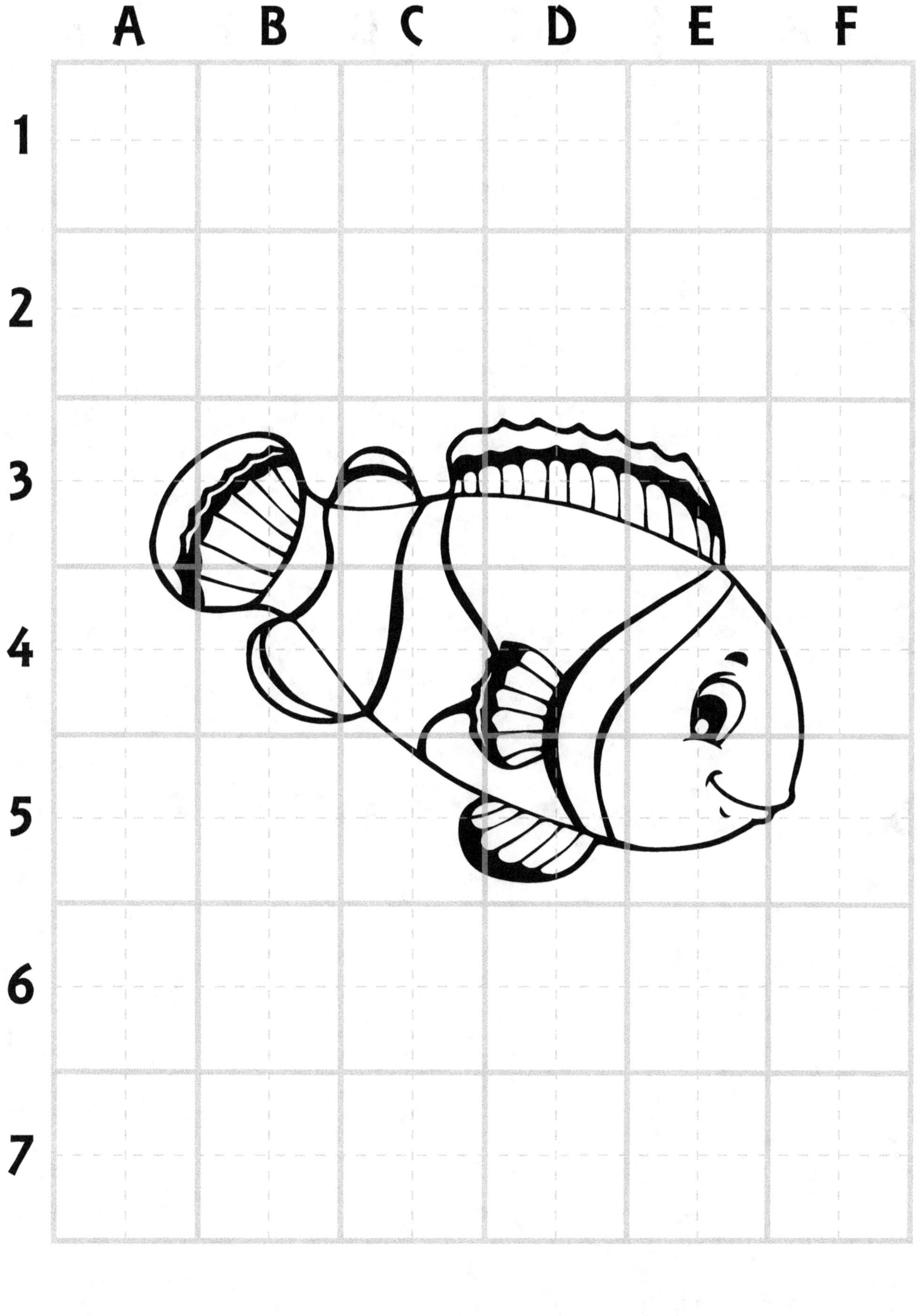

YOUR TURN!

	A	B	C	D	E	F
1						
2						
3						
4						
5						
6						
7						

SEAHORSE

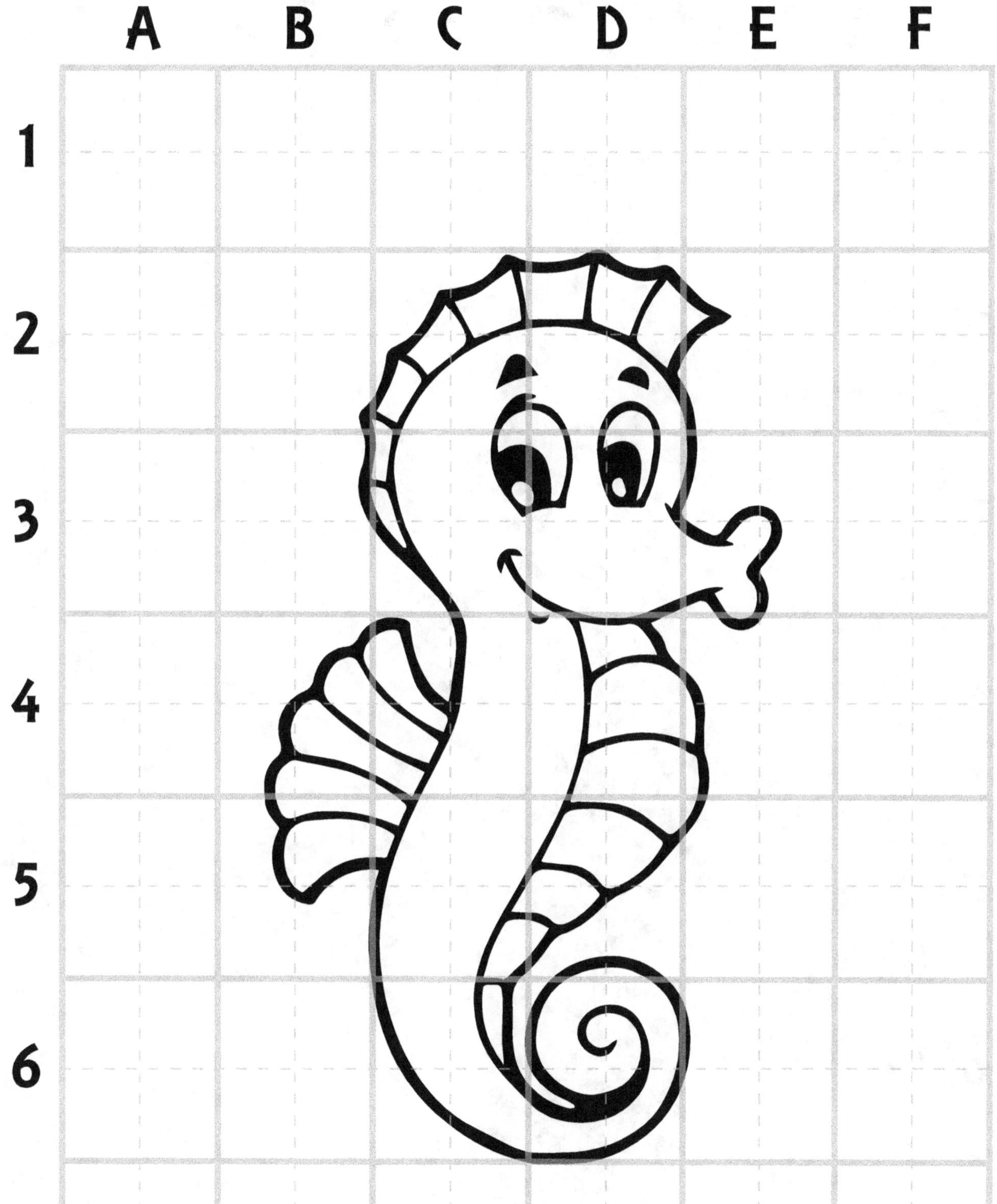

YOUR TURN!

	A	B	C	D	E	F
1						
2						
3						
4						
5						
6						
7						

DOG

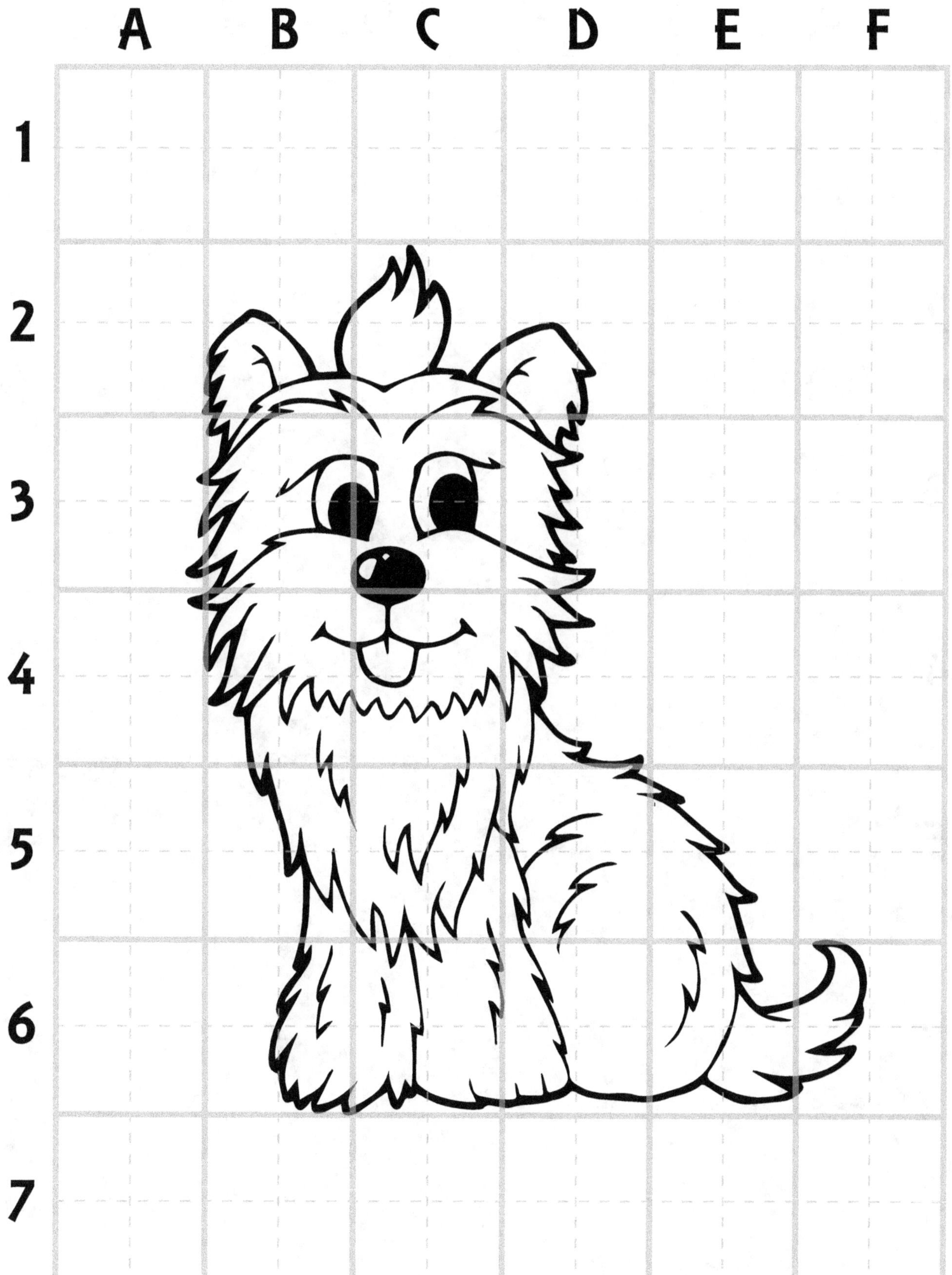

YOUR TURN!

	A	B	C	D	E	F
1						
2						
3						
4						
5						
6						
7						

DOLPHIN

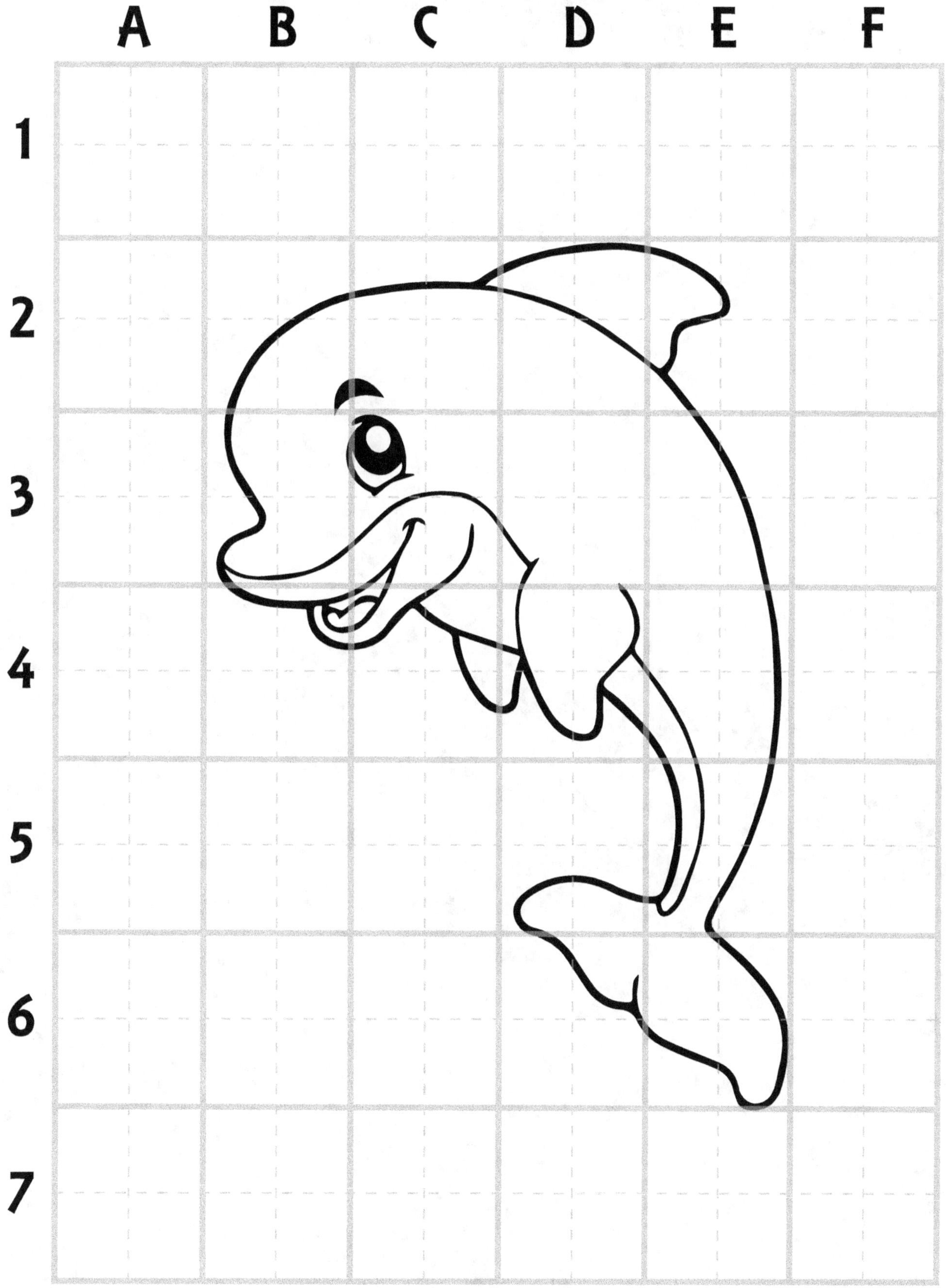

YOUR TURN!

	A	B	C	D	E	F
1						
2						
3						
4						
5						
6						
7						

CRAB

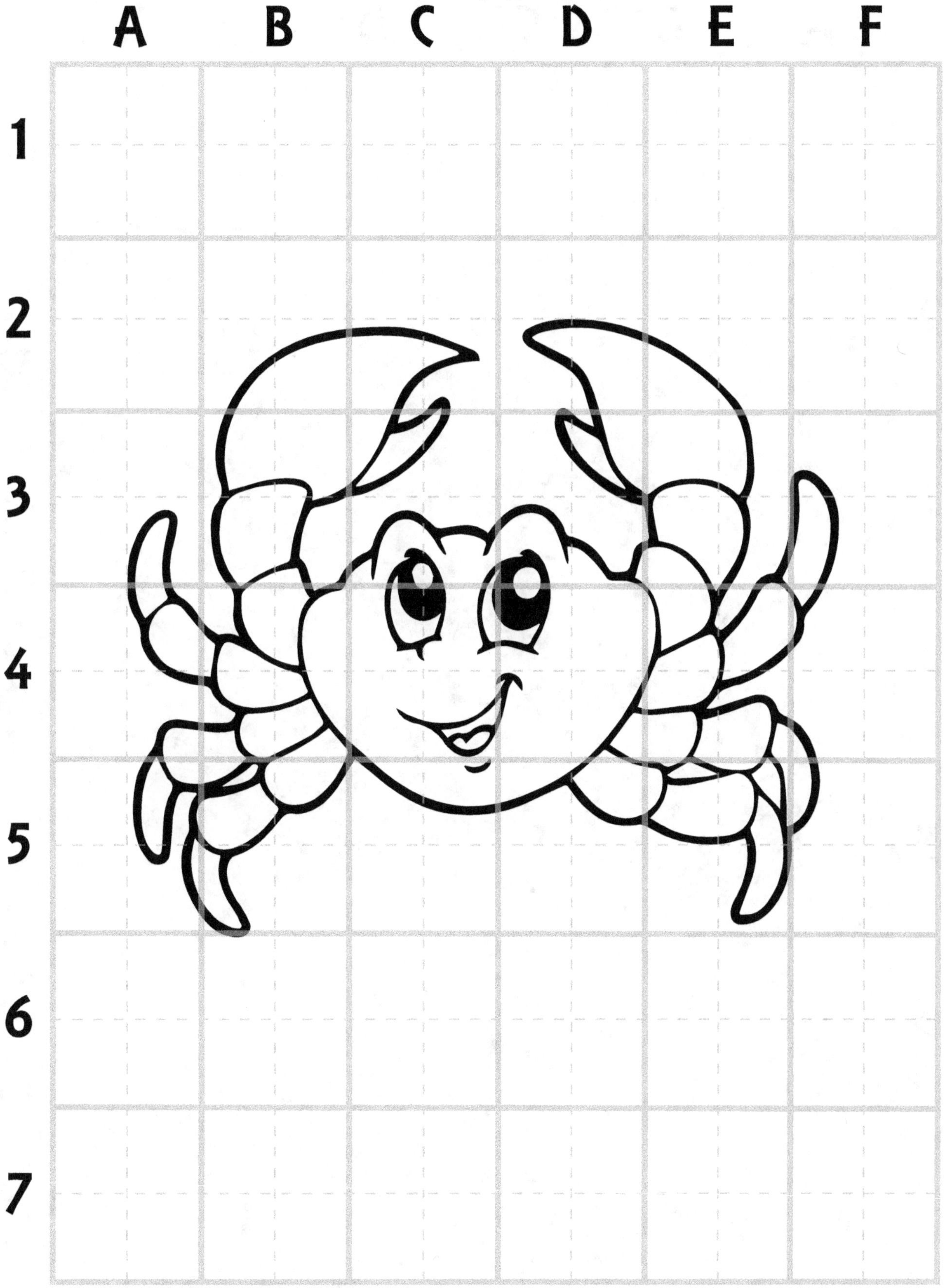

YOUR TURN!

	A	B	C	D	E	F
1						
2						
3						
4						
5						
6						
7						

GORILLA

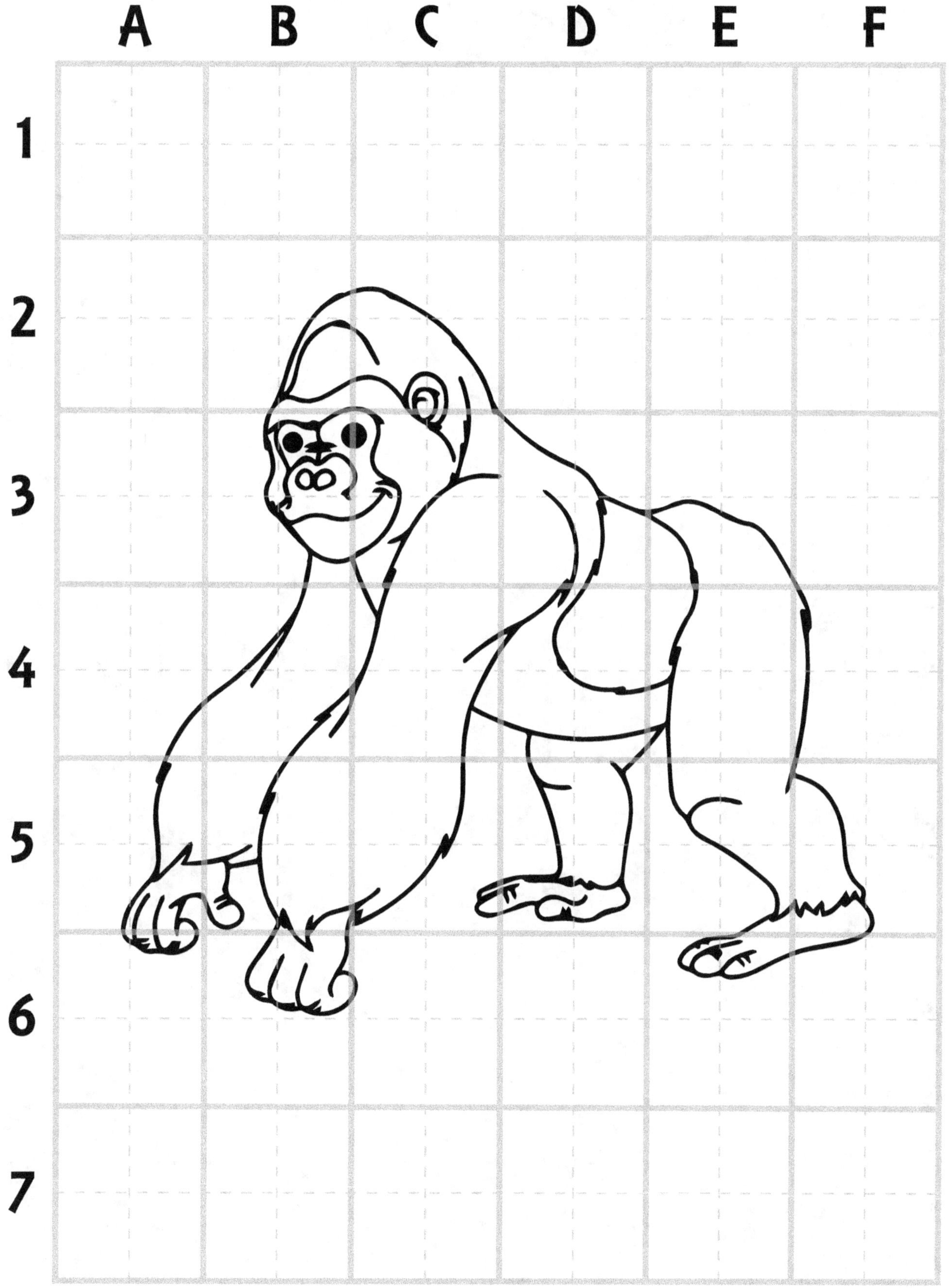

YOUR TURN!

	A	B	C	D	E	F
1						
2						
3						
4						
5						
6						
7						

www.ingramcontent.com/pod-product-compliance
Lightning Source LLC
Chambersburg PA
CBHW081526220526
45467CB00010B/3066
* 9 7 9 8 6 8 3 5 3 0 4 8 8 *